Otto Keller

Über die Quellen des Plutarch in der Lebensbeschreibung des Solon

Otto Keller

Über die Quellen des Plutarch in der Lebensbeschreibung des Solon

ISBN/EAN: 9783743310933

Hergestellt in Europa, USA, Kanada, Australien, Japan

Cover: Foto ©ninafisch / pixelio.de

Otto Keller

Über die Quellen des Plutarch in der Lebensbeschreibung des Solon

Ueber die Quellen des Plutarch in der Lebensbeschreibung des Solon.

Unter den Schriften derjenigen griechischen Autoren, welche in den oberen Gymnasialklassen in den Bereich der Lektüre gezogen zu werden pflegen, nehmen die Biographien des Plutarch von Chaeronea eine vorzügliche Stelle ein. Diese Lebensbeschreibungen sind nicht nur wegen der Form, sondern auch ganz besonders wegen des Inhaltes für den Schulgebrauch empfohlen worden, weil sie als die Frucht einer bewunderungswürdigen Belesenheit der Jugend ein reiches Material für die Kenntniß des klassischen Alterthums darbieten und weil überall in ihnen der sittliche Ernst des Verfassers, sein milder, menschenfreundlicher Sinn, sein tiefes Gemüth, seine Liebe zu allem Guten und Schönen und seine Begeisterung für alles Große und Erhabene hervorleuchten. Wie umfassend und erhebend deßhalb ihre Wirksamkeit gewesen ist, dazu liefern die Urtheile, welche zu den verschiedensten Zeiten und unter den mannigfachsten Verhältnissen über dieselben ausgesprochen worden sind, zahlreiche Belege.[1]) Allein es ist nicht zu verkennen, daß die meisten der bem Plutarch

---

[1]) A. Gell. Noct. Att. IV. c. 11. wird er als homo in disciplinis gravi auctoritate bezeichnet. — Der Sophist Himerius aus Prusias in Bithynien nennt ihn θεώτατος; Eunapius von Sardes in der Vorrede zu Vitt. Sophist. θεσπέσιος, τῆς φιλοσοφίας ἁπάσης Ἀφροδίτη καὶ λύρα. — Theodorus Gaza von Thessalonika soll auf die Frage, welches von seinen Büchern er zuletzt in's Meer werfen würde, wenn man ihn dazu zwänge, geantwortet haben: den Plutarch. — Vict. Strigel (s. praef. hortuli graeci Jo. Dav. Schreiberi, Lips. 1710) nennt die Biographien medulla historiae graecae et latinae und sagt, daß nach der Bibel fein Buch höher zu halten sei als diese. — G. J. Vossius de hist. graec. ed. Westermann 1838. p. 251: Et sane fuit Plutarchus vir undecunque doctissimus, idem philologus, philosophus et historicus summus. — Hoeren. prooem. zu de fontt. et auctor. vitt. parall. Plut. p. 5.: Referendum illud opus esse inter praestantissima antiquitatis cimelia, omnes uno ore fatentur. — C. H. Frotscher: De Plut. iudicium in Plut. vitt. parall. Demosth. et Cic. XI.: Illud omnium consensu illi tribuitur, neminem ad vitam moresque formandos aptiorem esse; nemini acrius iudicium aut a natura datum, aut omni genere literarum felicius excultum et perpolitum. (vgl. Wyttenbach. praef. ad Sel. princ. hist. p. XIX.). — C. F. Hermann de fontt. vit. Per. (Ind. lect. univ. Marb. 1836. sem. aest. bezeichnet p. II. III. die Biographien als libros sentiendi pariter ac dicendi gravitate commendabiles, den Plutarch als integritate, religione, rerumque divinarum atque humanarum scientia praestantissimum und sagt von ihm] cuius tanta fama nominisque honor etiam apud mediocriter doctos esse solet, ut dignissimus sit, qui non modo puerorum ingeniis formandis adhibeatur, sed etiam iuvenum bonarum artium studiosorum in notitiam perveniat. — Rotteck (Allgem. Gesch. Bd. II. p. 33.) bezeichnet ihn als das noch unerreichte Muster aller Biographen. — Schoemann (Dedicat. edit. vitt. Agid. et Cleom. p. V.): Potest hoc sane verissime dici, ἀντίδοτον esse in Plutarchi libris saluberrimum contra plurima venena, quibus rudes ac teneros puerorum animos saeculi labes inficit: praeceptorum sapientissimorum infinitam copiam, exemplorum illustrium multitudinem, verissimum denique et acerrimum recti honestique amorem et ingenuum sincerae et infucatae humanitatis sensum, qui quidem ita ubivis ex his libris elucet ac per omnem scriptoris orationem quasi vivit ac spirat, ut non possint non eiusdem humanitatis igniculi etiam in legentium animis excitari atque incendi. —

gespendeten Lobeserhebungen den Stempel der Ueberschwänglichkeit an sich tragen¹) und nicht sowohl aus vorurtheilsfreier und eingehender Prüfung seiner Werke als vielmehr aus unbedingter Verehrung der Schriften des Alterthums hervorgegangen sind. Dieser Standpunkt der bedingungslosen Hochschätzung der historischen Denkmäler des Alterthums darf als ein überwundener angesehen werden: man findet heutzutage nicht mehr in der traditionell fortgepflanzten Verehrung des Autors eine Bürgschaft für die Vortrefflichkeit des von ihm Geschaffenen, sondern die Entscheidung darüber steht allein der kritischen Prüfung zu, welche das historische Kunstwerk nicht hinnimmt, wie es ist, sondern bei der Feststellung seines Werthes von inneren und wesentlichen Beziehungen, d. h. von Inhalt, Geist, Sprache und Stil der Schrift selbst ausgeht.²) Ein solcher Standpunkt ist denn auch in neuerer und neuester Zeit in einer Reihe von monographischen Arbeiten eingenommen worden, in denen der Versuch gemacht worden ist, den historischen Werth der Plutarchischen Biographien festzustellen. Soll dieser richtig erkannt werden, so muß die nächste Aufgabe sein, zu beleuchten, welche Hülfsmittel Plutarch bei Abfassung seiner Lebensbeschreibungen benutzt hat und von welcher Beschaffenheit sie waren; denn „bei compilirenden Autoren muß man immer fragen: welche Bücher hatten sie vor sich und von welchem Charakter waren sie? Auf diese Art kann ein und derselbe Autor bald mehr bald weniger Glaubwürdigkeit haben."⁴)

Eine genügende, das Ganze der Plutarchischen Biographien umfassende Darstellung nach dieser Seite hin ist meines Wissens bis jetzt noch nicht vorhanden⁵) und ist erst dann möglich, wenn eine sorgfältige Prüfung aller einzelnen Biographien in Bezug auf ihren historischen Werth vorausgegangen ist. Einen Beitrag zur Erörterung dieses umfassenden Gegenstandes zu liefern, ist der Zweck der nachstehenden Abhandlung, in welcher der Versuch gemacht werden soll darzustellen, welchen Quellen Plutarch das Material zu der Lebensbeschreibung des Solon entnommen hat, den Charakter der benutzten Hülfsmittel zu bestimmen und den historischen Werth der Biographie festzustellen.

Wenn die Aufgabe des Biographen die ist, sowohl die äußere Geschichte, wie die intellectuelle und sittliche Entwickelung eines durch Schicksale, Stellung und Thätigkeit, moralische oder psychologische Lebensmomente ausgezeichneten Individuums in wahrhaft historischer Darstellung zu entwickeln, zu der Wahrheitsliebe, ein völlig parteiloser Standpunkt, sowie die innigste Bekanntschaft des Autors mit der Epoche, in welcher das Individuum lebte und unter deren Einflüssen es handelte und strebte, die Grundbedingungen sind, so können wir eine vollständige Lösung dieser Aufgabe dem Plutarch nicht nachrühmen, selbst wenn wir nicht anstehen, unsere Forderungen in noth-

---

¹) vgl. Harless. Brev. notit. literat. graec. p. 337: Permulta scripsit; sed ad nostram aetatem pervenerunt CXXV opuscula, e quibus lucent magna subtilitas et foecunditas ingenii... ut nonnulli V. V. D. D. ad immodicam Plutarchi laudationem ac venerationem abriperentur.

²) vgl. die schon von Brucker (Diss. praelim. hist. crit. philos. p. XII.) gestellte Forderung: Abücienda nimia antiquitatis veneratio, omnia maiori extollens gradu, quae antiquitatis situ obducta squalent; extirpandum praeiudicium auctoritatis, certis viris magnis auctoritatem ob solam nominis famam vel dignitatem adscribens.

⁶) Fr. A. Wolf: Vorles. über die Encykl. der Alterthumswissenschaft herausg. von Gürtler p. 370.

⁴) Heeren. de fontibus et auctoritate vitarum parallelarum Plutarchi commentarios quatuor sind oberflächliche und durch unrichtige Angaben entstellte Untersuchungen, so daß ich dem Urtheile Hermann's Heerenius negligentius quam par erat, hac provincia functus est (l. a. W. p. III.) ohne Bedenken beistimme.

wenbiger Berücksichtigung des Unterschiedes zwischen Antikem und Modernen etwas einzuschränken Daß wir unserm Biographen eine allseitige Erfüllung selbst der Forderungen, an denen wir ungerne einen Abzug haben gefallen lassen, nicht zuerkennen mögen, hat weniger seinen Grund darin daß ihm die eine oder andere derjenigen Eigenschaften abgeht, aus deren Besitz das Gelingen bei schriftstellerischen Arbeit resultirt, als vielmehr in der Einseitigkeit der Motive, welche ihn bei Abfassung seiner biographischen Darstellungen geleitet haben. Wir können es hier um so weniger umgehen, uns über den Zweck, den Plutarch bei Abfassung seiner Biographien verfolgte, zu unterrichten, als mit demselben nicht nur die Vorzüge oder Mängel, welche an ihnen zu rühmen oder zu tadeln sein möchten, in engster Verbindung stehen, sondern auch weil, wie sich unten zeigen wird, durch ihn die Auswahl bedingt ist, welche Plutarch unter dem reichen Vorrath an Quellen und Hülfsmitteln jeder Art getroffen hat. Ueber den Zweck, von welchem unser Autor bei Abfassung der Lebensbeschreibung des Solon geleitet wurde, finden wir in dieser Biographie keine von ihm selbst gegebenen Andeutungen und da er eine Vorrede zu dem Ganzen der Biographien, aus der ein solcher ersichtlich wäre, nicht gegeben hat, so sind wir darauf angewiesen, denselben aus einer Anzahl von Aeußerungen zusammenzustellen, die sich in den Biographien zerstreut finden. Dieser Zweck ist ein durchweg moralischer: Besserung der Sitten und Belehrung ist die wiederholt in seinen biographischen Darstellungen von ihm selbst ausgesprochene Absicht, die er mit Klarheit und Bewußtsein als leitendes Grundprincip in's Auge faßt. Hören wir darüber seine eigenen Worte in der Vorrede zu der Lebensbeschreibung des Timoleon:[*]) „Ich bin zwar durch andere veranlaßt worden, Biographieen zu schreiben, aber meiner selbst wegen verweile ich gerne bei dieser Beschäftigung und setze sie fort, indem ich durch Anschauen, wie in einem Spiegel, mein Leben zu veredeln und den Tugenden jener Männer nachzubilden suche. Denn der Erfolg gleicht einem vertrauten Umgange und Zusammenleben, wenn wir einen jeden von ihnen der Reihe nach durch die Geschichte gleichsam als Gastfreund empfangen, bei uns aufnehmen und beherbergen und genau betrachten, wie groß er war und wie trefflich, indem wir das Bedeutendste und Schönste aus seinen Handlungen zu erkennen suchen. Ach! könnte es ein größeres, zur Veredelung des Charakters wirksameres Vergnügen geben?" Um solche Besserung und Veredlung vollständig zu erreichen, hielt er es für zweckmäßig, auch den entgegengesetzten Beispielen eine Stelle einzuräumen: Wie die alten Spartaner den Jünglingen bei Festgelagen trunkene Heloten als abschreckende Beispiele vorführten oder wie der Thebaner Ismenias seine Schüler auf gute und zugleich auf schlechte Flötenspieler hinwies, um ihnen zu zeigen, wie man die Flöte blasen müsse und wie nicht, oder wie Antigenidas glaubte, daß Jünglinge, nachdem sie schlechte Flötenspieler gehört, gute mit besto größerer Lust anhören würden, so glaubte Plutarch, daß auch aus der Darstellung von schlechten und tadelnswerthen Beispielen Anregung gewonnen werden könne, dem Guten nachzueifern.[7]) — Die Biographie stellt den Menschen nicht in einem,

---

[*]) Ich folge der Anordnung von Sintenis in Plut. vitt. parall. Lipsiae MDCCCXXXIX. Vol. I. p. 468. vgl. C. F. Hermann. Hall. Jahrb. 1834. M 70.

[7]) Vit. Demetr. 1. οὔτω μοι δοκοῦμεν καὶ ἡμεῖς προθυμότεροι τῶν βελτιόνων ἔσεσθαι καὶ θεαταὶ καὶ μιμηταὶ βίων, εἰ μηδὲ τῶν φαύλων καὶ ψεγομένων ἀνιστορήτως ἔχοιμεν. — vgl. Vit. Cim. 2. Ἀρκεῖ γὰρ ἡ τῆς μνήμης χάρις· ἀληθοῦς δὲ μαρτυρίας οὐδ' ἂν αὐτὸς ἐκεῖνος ἠξίωσε μισθὸν λαβεῖν ψευδῆ καὶ πεπλασμένην ὑπὲρ αὐτοῦ διήγησιν. Ὥσπερ γὰρ τοὺς τὰ καλὰ καὶ πολλὴν ἔχοντα χάριν εἴδη ζωγραφοῦντες, ἂν προσῇ τι μικρὸν αὐτοῖς δυσχερές, ἀξιοῦμεν μήτε παραλιπεῖν τοῦτο τελέως μήτε ἐξακριβοῦν· τὸ μὲν γὰρ αἰσχρὸν, τὸ δ' ἀνόμοιον παρέχεται τὴν ὄψιν· οὕτως, ἐπεὶ χαλεπόν ἐστι, μᾶλλον δ' ἴσως ἀμήχανον, ἀμεμφῆ

1*

wohl aber in einzelnen Momenten und einzelnen Handlungen dar; diese einzelnen Erscheinungen sind nicht selbst Zweck, sondern Mittel zum Zweck; demnach erzählt die Biographie nicht alles auf das Individuum Bezügliche, sondern wählt dasjenige aus, was einem solchen Zwecke entspricht, und die einzelnen Züge werden besto glücklicher gewählt sein, wenn so viel als möglich sich selbst in dem kleinsten Punkte das Bild der ganzen Persönlichkeit abspiegelt. So glaubt Plutarch, daß es nicht immer die glänzendsten Thaten sind, welche sittliche Güte oder Schlechtigkeit bekunden, sondern daß ein unbedeutender Umstand, ein Wort, ein Scherz oft ein treffenderes Bild des Charakters geben[8]) als Schlachten, in denen Unzählige gefallen sind, Meisterstücke der Kriegskunst und Belagerungen von Städten. Deßhalb will er nicht alles, 'auch nicht die eine oder andere herrliche That bis in's Einzelne ausgeführt erzählen, sondern das Meiste kurz zusammenfassen[9]) und mehr auf Aeußerungen der Denk- und Sinnesart eingehen[10]), in denen der Charakter sich ausprägt, und aus diesen ein Bild des Lebens von jedem entwerfen, die Darstellung gewaltiger Thaten und Kämpfe anderen überlassen.[11]) Die Bekanntschaft mit den Werken der großer Historiker setzt er überall voraus und verwahrt sich, wenn er es nicht umgehen kann, die von diesen erzählten Begebenheiten zu berühren, ausdrücklich dagegen, daß er etwa einen Wettkampf mit ihnen eingehen wolle; denn Wettstreit und Neid gegen andere in Bezug auf die Darstellung erscheinen ihm kleinlich und sophistisch, richten sie sich aber gegen Unnachahmliches, sogar einfältig. Deßhalb zieht er es vor, von den ausführlichen Erzählungen anderer nur das Nöthigste in Kürze zu erwähnen und aus Umständen, die den Meisten bisher unbekannt waren, oder bei anderen Schriftstellern, auf alten Denkmälern und in Urkunden als zerstreute Bemerkungen gefunden worden sind, eine Biographie zu verarbeiten, aus

καὶ καθαρὸν ἀνδρὸς ἐπιδεῖξαι βίον, ἐν τοῖς καλοῖς ἀναπληρωτέον ὥσπερ ὁμοιότητα τὴν ἀλήθειαν. Τὰς δ' ἐκ πάθους τινὸς ἢ πολιτικῆς ἀνάγκης ἐπιτρεχούσας ταῖς πράξεσιν ἁμαρτίας καὶ κῆρας ἐλλείμματα μᾶλλον ἀρετῆς τινος ἢ κακίας πονηρεύματα νομίζοντας οὐ δεῖ πάνυ προθύμως ἐναποσημαίνειν τῇ ἱστορίᾳ καὶ περιττῶς, ἀλλ' ὥσπερ αἰδουμένους ὑπὲρ τῆς ἀνθρωπίνης φύσεως, εἰ καλὸν οὐδὲν εἰλικρινὲς οὐδ' ἀναμφισβήτητον εἰς ἀρετῆς ἦθος γεγονὸς ἀποδίδωσιν.

⁸) Vgl. Vit. Cat. min. 24. εἰ δὲ δεῖ μηδὲ τὰ μικρὰ τῶν ἠθῶν σημεῖα παραλιπεῖν ὥσπερ εἰκόνα ψυχῆς ὑπογραφομένους... — c. 37. Ταῦτα μὲν οὖν οὐχ ἧττον οἰόμενοι τῶν ὑπαίθρων καὶ μεγάλων πράξεων πρὸς ἔνδειξιν ἤθους καὶ κατανόησιν ἔχειν τινὰ σαφήνειαν ἐπὶ πλέον διήλθομεν.

⁹) Vgl. Vit. Nic. 1. Ἃς γοῦν Θουκυδίδης ἐξήνεγκε πράξεις καὶ Φίλιστος, ἐπεὶ παρελθεῖν οὐκ ἔστι μάλιστά γε δὴ τὸν τρόπον καὶ τὴν διάθεσιν τοῦ ἀνδρὸς ὑπὸ πολλῶν καὶ μεγάλων παθῶν καλυπτομένην περιεχούσας ἐπιδραμὼν βραχέως καὶ διὰ τῶν ἀναγκαίων, ἵνα μὴ παντάπασιν ἀμελὴς δοκῶ καὶ ἀργὸς εἶναι, τὰ διαφεύγοντα τοὺς πολλούς, ὑφ' ἑτέρων δ' εἰρημένα σποράδην ἢ πρὸς ἀναθήμασιν ἢ ψηφίσμασιν εὑρημένα παλαιοῖς πεπείραμαι συναγαγεῖν, οὐ τὴν ἄχρηστον ἀθροίζων ἱστορίαν, ἀλλὰ τὴν πρὸς κατανόησιν ἤθους καὶ τρόπου παραδιδούς.

¹⁰) Vgl. Vit. Cimon. 2. Εἰκόνα δὲ πολὺ καλλίονα νομίζοντες εἶναι τῆς τὸ σῶμα καὶ τὸ πρόσωπον ἀπομιμουμένης τὴν τὸ ἦθος καὶ τὸν τρόπον ἐμφανίζουσαν ἀναληψόμεθα τῇ γραφῇ τῶν παραλλήλων βίων τὰς πράξεις τοῦ ἀνδρὸς τἀληθῆ διεξιόντες. — Vit. Per. 1. Τὴν διάνοιαν ἐπάγειν δεῖ θεάμασιν ἃ τῷ χαίρειν πρὸς τὸ οἰκεῖον αὐτὴν ἀγαθὸν ἐκκαλεῖ· ταῦτα δέ ἐστιν ἐν τοῖς ἀπ' ἀρετῆς ἔργοις.

¹¹) Vgl. Vit. Alex. 1. Οὔτε γὰρ ἱστορίας γράφομεν, ἀλλὰ βίους, οὔτε ταῖς ἐπιφανεστάταις πράξεσι πάντως ἔνεστι δήλωσις ἀρετῆς ἢ κακίας, ἀλλὰ πρᾶγμα βραχὺ πολλάκις καὶ ῥῆμα καὶ παιδιά τις ἔμφασιν ἤθους ἐποίησε μᾶλλον ἢ μάχαι μυριόνεκροι καὶ παρατάξεις αἱ μέγισται καὶ πολιορκίαι πόλεων. Ὥσπερ οὖν οἱ ζωγράφοι τὰς ὁμοιότητας ἀπὸ τοῦ προσώπου καὶ τῶν περὶ τὴν ὄψιν εἰδῶν, οἷς ἐμφαίνεται τὸ ἦθος, ἀναλαμβάνουσιν ἐλάχιστα τῶν λοιπῶν μερῶν φροντίζοντες, οὕτως ἡμῖν δοτέον εἰς τὰ τῆς ψυχῆς σημεῖα μᾶλλον ἐνδύεσθαι καὶ διὰ τούτων εἰδοποιεῖν τὸν ἑκάστου βίον ἐάσαντες ἑτέροις τὰ μεγέθη καὶ τοὺς ἀγῶνας.

der die Lebens- und Sinnensart erkannt werden kann.¹²) — Aus Vorstehendem ergibt sich also daß Plutarch in seinen Lebensbeschreibungen eine durchweg moralische Tendenz verfolgt, daß Besserung nnd Belehrung das Grundprincip sind, von welchem seine biographischen Darstellungen getragen werden; demnach muß die Schilderung des Individuums in seinen Beziehungen zum Staat hinter der Darstellung des rein Menschlichen zurücktreten, der Staatsmann für den Biographen im Menschen aufgehen. Da er die Bekanntschaft mit den Werken der großen Historiker voraussetzt, so überläßt er die Erzählung von Großthaten und Kämpfen — diese sind für ihn eine ἄχρηστος ἱστορία — anderen und sucht eine treues Lebensbild durch Mittheilung von Aeußerungen der Denk- und Sinnesart zu geben, indem er das Große und Edle der Wahrheit gemäß darstellt, aber auch Fehler und Schwächen nicht verschweigt, weil sie zur vollständigen Zeichnung des Individuums nothwendig sind.

Hält man den von Plutarch selbst vorgezeichneten Standpunkt fest, von dem aus er seine Biographien beurtheilt wissen will, so erklärt es sich, daß er zur Abfassung der Lebensbeschreibung des Solon die Dichtungen des als Staatsmann, Gesetzgeber und Dichter ausgezeichneten Atheniensers als eine ganz besonders zuverlässige Quelle benutzte, da die meisten derselben der unmittelbare Erguß seiner politischen Stimmung sind oder doch in engster Beziehung zu seiner Thätigkeit stehen. Das vollständigste Verzeichniß der Titel des uns erhaltenen poetischen Nachlasses von Solon giebt Diog. Laert. I, 61: „Γέγραφε δὲ δῆλον μὲν ὅτι τοὺς νόμους καὶ δημηγορίας δὲ καὶ εἰς ἑαυτὸν ὑποθήκας καὶ ἐλεγεῖα καὶ τὰ περὶ Σαλαμῖνος καὶ τῆς Ἀθηναίων πολιτείας ἔπη πεντακισχίλια καὶ ἰάμβους καὶ ἐπῳδούς." Diese planlos zusammengeschriebene Aufzählung verbessert Bach,¹³) der die Fragmente der solonischen Dichtungen folgendermaßen ordnet: 1) Gedichte im elegischen Metrum: a) Εἰς ἑαυτὸν ὑποθῆκαι. b) Σαλαμίς. c) Περὶ τῆς τῶν Ἀθηναίων πολιτείας. d) Περὶ τῆς οἰκίας τοῦ Κριτίου. e) Πρὸς Μίμνερμον. f) Πρὸς Φιλόκυπρον. 2) Gedichte im epischen Metrum: a) Νόμοι. b) Ἀτλαντίς. 3) Ein Gedicht im trochaeischen Metrum: Πρὸς Φῶκον. 4) Gedichte im iambischen Metrum: a) Εἰς ἑαυτὸν καὶ τὴν ἑαυτοῦ πολιτείαν. b) Τὰ λοιπὰ ἐκ τῶν ἰαμβείων. c) Σκόλιον. — Aus Εἰς ἑαυτὸν ὑποθῆκαι finden sich in der Biographie des Solon fünf Fragmente: c. 2. giebt Plutarch den 7. und 8. Vers des 75 Verse zählenden Fragmentes, welches in der Bach'schen Sammlung als das vierte genannt ist und den Inhalt hat: „Geld und Gut wünsch' ich zwar zu besitzen, doch sei es mir ferne, sie unrecht zu erwerben; denn die Strafe bleibt gewiß nicht aus."¹⁴) (Dasselbe Fragment findet sich comp. Sol. et Popl. c. 1.) In demselben Kapitel findet sich das bei Bach als das fünfte gezählte Fragment, welches früher dem Theognis zugeschrieben wurde, von Bach aber mit Recht dem Solon vindicirt wird; in diesem sagt der Dichter: „An Reichthum steht sich gleich, wer viel Silber und Gold besitzet, weizentragendes Land, Rosse und Maulthiere und wem nur das beschieden ist, dem Magen, der Lende und den Beinen gütlich zu thun,¹⁵) sich der Blüthe des Kindes und Weibes, sobald auch dies ihm zu Theil wird, im passenden Alter zu erfreuen." In c. 3 steht das bei Bach als das sechste verzeichnete

---

¹²) Vgl. Vit. Nic. 1. — Vit. Galb. 2. — Vit. Artax. 8. —
¹³) Solonis Athen. carminum quae supersunt; praemissa commentatione de Solone poeta. Bonnae. MDCCCXXV.
¹⁴) Ich halte es für richtiger οὐκ ἐθέλω · πάντως ... zu interpungiren.
¹⁵) Vgl. Horat. Ep. I. 12: Si ventri bene, si lateri est pedibusque tuis, nil divitiae poterunt regales addere maius.

Fragment: ¹⁶) „Viele Schlechte sind reich, Rechtschaffene arm; aber wir tauschen mit ihnen nicht Tugend um Reichthum; denn jene ist ein ewiges Gut, Reichthum hat von den Menschen heute noch der, morgen ein anderer." Das als das zehnte bei Bach gezählte und von andern Schriftstellern vielfach angeführte ¹⁷) Fragment ist der c. 2 erwähnte und c. 31 wiederholte Pentameter: „Allzeit lernend, schreit' ich im Alter voran." Das letzte hierher gehörige Fragment, das elfte in der Bach'schen Sammlung, ist das von dem greisen Solon verfaßte Distichon, welches im 31. Kapitel steht: ¹⁸) „Aphrodite's Werke, des Dionysos und der Musen liebe ich jetzt, da sie Freude den Männern verleihen." — Von der patriotischen Elegie Σαλαμίς, die nach Plutarch (Vit. Sol. c. 8) aus hundert recht anmuthig verfaßten Versen bestand, sind nur wenige Fragmente erhalten. Die Umstände, unter denen sie gedichtet wurde, werden in ziemlicher Uebereinstimmung von den Alten in folgender Weise erzählt: Die Athener hatten sich nach einem langen, erfolglosen Krieg mit den Megarern um den Besitz der Insel Salamis in ihr Schicksal ergeben und verboten bei Todesstrafe jede neue Anregung zum Kampfe. Dem Solon war dieser Zustand feiger Entmuthigung unerträglich. Da er viele junge Männer nur auf einen Anlaß zum Kriege warten sah, trat er in heiliger Begeisterung vor das Volk und stellte den Athenern mit feurigen Worten die Schmach vor, von welcher sie gebannt wären. Von Beschämung und Kampflust ergriffen, unternehmen sie alsbald einen Zug gegen die Megarer auf Salamis und erobern die Insel. ¹⁹) Plutarch giebt c. 8 den Anfang der Elegie: „Ich selbst komme als Herold von dem lieblichen Salamis, indem ich Gesang, der Rede Zierde, statt der Worte vortrage." Den Inhalt Περὶ τῆς τῶν Ἀθηναίων πολιτείας deutet Plutarch c. 3 an, indem er sagt, daß Solon die Poesie anfangs nicht zur Darstellung ernster Gegenstände benutzte, sondern zum Scherz und zur angenehmen Unterhaltung in den Mußestunden; später aber habe er auch philosophische Sentenzen in Verse gefaßt und viele politische Grundsätze in seine Gedichte verflochten, nicht um sie im Andenken der Geschichte zu erhalten, sondern weil sie Rechtfertigungen seiner Schritte, zuweilen auch Ermahnungen, Warnungen und Tadel für die Athener enthielten. Dieses Werk wird demnach das ganze politische Leben Solon's von der Zeit an umfaßt haben, wo er den Staat der Athener zu lenken anfing, bis zu dem Zeitpunkt, als sich Pisistratus zum Tyrannen aufwarf; auch da hörte Solon nicht auf, Gedichte zu verfassen, in denen er den Athenern bittere Vorwürfe machte. (Vit. Sol. c. 30). — Nachdem der kylonische Frevel geführt war, wurde Athen auf's neue von heftigen Parteistreitigkeiten über die Verfassung beunruhigt; vorzüglich hatte das Mißverhältniß zwischen Armen und Reichen einen so bedenklichen Charakter angenommen, daß die Stadt sich in einer sehr gefahrvollen Lage befand. Das niedere Volk war den Wohlhabenden arg verschuldet: Ein Theil von jenem bebaute für diese das Land: andere, die sich selbst verpfändet hatten, fielen den Gläubigern als Eigenthum zu und mußten bald an Ort und

¹⁶) Daß dieses Fragment, welches früher ebenfalls zu den Theognideischen gezählt wurde, dem Solon zugehört, ergiebt sich aus Plut. de prof. in virt. 6; de cap. ex inim. util. 11; de tranqu. an. 13. Vgl. Gaisford. poet. min. 3. 139. Schneidewin. delect. poes. eleg. p. 29. Bach i. a. W. p. 20.
¹⁷) Plat. Amator. p. 133. Lach. p. 188, b. 189, a. de republ. VII. p. 536. Schol. ad Soph. Antig. 711. Cic. de sen. 8. 14. Schott. ad Zenob. Adag. III. 4.
¹⁸) Vgl. Plut. symp. sept. sap. 13. Amat. 5. Hermias. ad Plat. Phaedr. p. 78. Gaisford i. a. W. 3, 134. Schneidewin i. a. W. p. 30.
¹⁹) Den kriegerischen Charakter der Elegie bezeugt Polyaen. stratagem. I. 20: Σόλων τὸν θάνατον οὐ φοβηθεὶς λύει τὸν νόμον ὧδε· προσελθὼν εἰς ἀγοράν, ἐλεγεῖα ᾖδεν, τὰ δὲ ἐλεγεῖα ἦν Ἀφίη ᾄσματα.

Stelle, bald im Auslande, wohin man sie verkaufte, Sclavendienste thun. Vergleicht man mit dieser dem Plutarch entnommenen Schilderung das Fragment bei Demosth. de fals. leg. p. 421, so unterliegt es keinem Zweifel, daß wir in Plutarch's Worten c. 13: „*Ἀγώγιμοι τοῖς δανείζουσιν, οἱ μὲν αὐτοῦ δουλεύοντες, οἱ δ᾽ ἐπὶ τῇ ξένῃ πιπρασκόμενοι*" nur eine Bearbeitung von

τῶν δὲ πενιχρῶν
ἱκνοῦνται πολλοὶ γαῖαν ἐς ἀλλοδαπήν,
πραθέντες, δεσμοῖσι τ᾽ ἀεικελίοισι δεθέντες.[10])

zu sehen haben. — Als Solon auf den Wunsch seiner Mitbürger die Regelung der Staatsverhältnisse übernommen hatte, schaffte er zunächst die durch die Größe der Strafen unerträglichen Gesetze des Drako ab und ordnete den Staat so, daß er die Fähigkeit dem Staate zu dienen zum Maßstab nahm, nach welchem einem jeden sein Antheil au den bürgerlichen Rechten zugemessen wurde. Diese nach Billigkeit und Gerechtigkeit ausgeführte Gliederung der Bürgerschaft ist es, wegen welcher er sich in dem Fragment Vit. Sol. c. 18 folgendermaßen lobt: „Denn ich ertheilte dem Volk so viel Macht, als ihm genüget, indem ich von seinem Rechte nichts ihm nahm, noch zu viel ihm gewährte. Die aber Macht hatten und durch Einfluß hervorragten, denen sollte kein Schaden geschehen; so stand ich und schützte beide mit mächtigem Schild; wider das Recht zu siegen erlaubte ich keinem von beiden." Der Inhalt dieses Fragmentes findet sich bei Ael. Aristid. I. p. 278: „*Καὶ τῶν μὲν πλουσίων ὅσον καλῶς εἶχεν ἀφεῖλε, τῷ δήμῳ δ᾽ οὐκ ἔδωκεν ὅσον ἐβούλετο, ἔστη δ᾽ ἐν μεθορίῳ πάντων ἀνδρειότατα καὶ δικαιότατα*" und p. 561: „*Ἐκεῖνος τοίνυν ἐν τοῖς ἐλεγείοις διεξιὼν περὶ τῶν αὑτῷ πεπολιτευμένων, ἐπὶ τούτῳ μάλιστα πάντων σεμνύνεται, τῷ καταμίξαι τὸν δῆμον πρὸς τοὺς δυνατούς, ὅπως ἂν μία γνώμῃ τὴν πόλιν οἰκῶσι, μηδέτεροι πλείον ἰσχύντες, ἢ κοινῇ συμφέρει.*" (Vgl. II. p. 278. Das Fragment in comp. Sol. c. Popl. c. 2.) — Als nach Einführung der Gesetzgebung täglich Leute mit Lob und Tadel oder auch mit dem Rathe zum Solon kamen, irgend etwas in die Gesetze aufzunehmen oder aus denselben hinwegzulassen, viele auch sich mit Anfragen und der Bitte um Aufschluß an ihn wandten, da wünschte er, solchen Verlegenheiten aus dem Wege zu gehen und der Unzufriedenheit und Tadelsucht seiner Mitbürger auszuweichen, weil es schwer sei, in dem schwierigen Werk allen zu gefallen, („*Ἔργμασι γὰρ ἐν μεγάλοις πᾶσιν ἁδεῖν χαλεπόν.*" Vit. Sol. c. 25.[31]), verließ Athen, nachdem er sich die Erlaubniß erbeten hatte, zehn Jahre im Auslande zubringen zu dürfen, kam zuerst nach Aegypten und weilte am Ausfluß des Nil nahe bei der Kanobischen Küste („*Νείλου ἐπὶ προχοῇσι Κανωβίδος ἐγγύθεν ἀκτῆς.*" Vit. Sol. c. 26.[31]). — Während seiner Abwesenheit waren von neuem Parteistreitigkeiten in Athen ausgebrochen; als Solon in seine Heimath zurückgekehrt war, suchte er durch Vermittelung zwischen den Führern der erstandenen Parteien Einigkeit und Ruhe herzustellen und strebte vorzüglich darnach, aus dem Herzen des Pisistratus die Neigung zur unumschränkten Gewalt zu verbannen und das Volk darauf hinzuweisen, vor der aufkeimenden Tyrannis auf der Hut zu sein. Ein hierauf bezügliches Distichon findet sich bei Diod. Sic. XIX, 1:

Ἀνδρῶν ἐκ μεγάλων πόλις ὄλλυται· εἰς δὲ τυράννου
δῆμος ἀιδρίῃ ἐὼν δουλοσύνην ἔπεσεν.

---

[10]) Dieses Fragment befindet sich bei Bach i. a. W. unter περὶ τῆς τῶν Ἀθηναίων πολιτείας v. 25—27.
[11]) Vgl. Ep. Demosth. 8. p. 1481.
[12]) Die ἀποδημία wird bestätigt bei Her. L 29. Heracl. Pont. fr. 1. Gell. XVII. 21. Schol. Soph. Trach. 1.

Daſſelbe Diſtichon findet ſich bei Diod. exc. Vat. p. 23. und Diog. Laert. I. 50. nach dem erſten in Vit. Sol. c. 3. von Plutarch erhaltenen:

*Ἐκ νεφέλης πέλεται χιόνος μένος ἠδὲ χαλάζης
βροντὴ δ' ἐκ λαμπρᾶς γίνεται ἀστεροπῆς.*

Auf dieſes hat Plutarch ein anderes Diſtichon folgen laſſen, welches er in demſelben oder in einem andern Gedicht gefunden und mit jenem zuſammengeſtellt hat, um die einfache und altgläubige Anſicht des Solon über Naturkunde zu kennzeichnen. Beide finden eine paſſende Stelle vor dem von Diodor erhaltenen Diſtichon und bilden mit ihm ein Hexaſtichon. — Nachdem Solon vergeblich gegen die Liſt des Piſiſtratus angekämpft hatte, um den Athenern ihre Freiheit zu erhalten, ſeine Vorſtellungen aber bei ihnen keinen Eingang fanden, begab er ſich nach Hauſe und rechtfertigte ſich mit den Worten (Vit. Sol. c. 30.): „Ich habe nach Kräften Vaterland und Geſetze vertheidigt." (Vgl. Diog. Laert. I. 50. Diod. exc. Vat. p. 23. Arist. or. 41. p. 514. Ael. var. hist. 8, 16). Nun machte er den Athenern Vorwürfe, weil ſie ſich vom Piſiſtratus hatten überliſten laſſen, indem er ſagte (Vit. Sol. c. 30.): „Auf die Zunge ſeht ihr und auf die Worte des ſchmeichelnden Mannes; ein jeder von euch folget der Fährte des Fuchſes, in euch allen aber wohnt ein verblendeter Sinn" und am Schluſſe des Capitels: „Wenn euch Unlück traf durch eure eigene Thorheit, wendet deß= halb nicht gegen die Götter den Groll; ihr ſelbſt habt dieſen erhoben, indem ihr die Schutzwehr ver= liehen; deßhalb ſchmachtet ihr nun in ſchmachvoller Knechtſchaft. — Aus *Πρὸς Φιλόκυπρον* liefert Plutarch (Vit. Sol. c. 26.) das einzige noch erhaltene Fragment. Solon ſchiffte nach ſeinem Aufent= halt in Aegypten nach Cypern, wo er die Freundſchaft des Philokyprus, eines der dortigen Könige, in beſonders hohem Grade erlangte. Die von demſelben bewohnte Stadt lag an dem Fluſſe Klarius an einem feſten Ort, aber in rauher und ſchlechter Gegend. Solon bewog den König, die Stadt in die ſich zu ihren Füßen ausbreitende ſchöne Gegend zu verſetzen und ſie dadurch zu einer ange= nehmeren und ſchöneren zu machen. Er ſelbſt leitete die Anlage und traf die zu ihrer Bequemlich= keit und Sicherheit nöthigen Anordnungen, ſo daß viele Anſiedler herbeiſtrömten und die anderen Fürſten der Inſel eiferſüchtig wurden. Um Solon zu ehren, nannte nun Philokyprus die Stadt, welche früher Aigeia hieß, Soli. Solon gedenkt der Anlegung in dem erhaltenen Fragment, wo er ſagt: „Nun mögeſt du, Herrſcher der Solier, und dein Geſchlecht lange dieſe Stadt bewohnen; aber mich führe auf ſchnellem Schiff die veilchenumkränzte Kypris hinweg von der geprieſenen Inſel; wegen der Gründung verleihe ſie Gunſt mir und herrlichen Ruhm und Rückkehr in's heimiſche Land." (Vgl. Etym. magn. s. v. *Σόλοι*. Auct. vit. Arat. 2. p. 430. Herod. V. 113). — Daß Solon die Abſicht gehabt habe, ſeine Geſetze in poetiſcher Form zu veröffentlichen, berichtet Plutarch Vit. Sol. c. 3, der uns ebenfalls den Anfang derſelben mittheilt: „Laſſet zuerſt uns flehen zum Könige Zeus, dem Kroniden, daß er Segen verleihe und Ruhm dieſen Geſetzen." Wenn ſich gleich die epiſche Form der Geſetze vor Solon nicht beſtreiten läßt[13]), ſo iſt die Angabe des Plutarch wohl in Zweifel zu ziehen, da ſie durch keine weiteren Zeugniſſe geſtützt wird. — Was das zweite epiſche Gedicht des Solon die *Ἀτλάντις* anlangt, ſo erzählt Plutarch Vit. Sol. c. 26, daß dem Solon die Sage von den aegyptiſchen Prieſtern Sonchis von Sais und Pſenophis von Heliopolis mitgetheilt worden ſei und er es verſucht habe, dieſe den Griechen in einem Gedichte bekannt zu machen. Er beruft ſich dabei auf das Zeugniß des Plato.[14]) Das begonnene Werk habe er aber wieder aufgegeben, weil

---

[13]) Vgl. Aristot. problem. XIX. 28. Ael. var. hist. II. 39. Nitzsch. hist. Hom. p. 30. 89.
[14]) Plat. Tim. p. 8. der Stellb. Ausg. und im Anfange des Kritias. Ein Vergleich ergiebt, daß Plutarch keine genaue Einſicht von dieſen Stücken des Plato genommen hat.

er bei seinem hohen Alter die Größe des Unternehmens scheute²⁰); darauf habe Plato diesen Stoff, der ihm gewissermaßen wie der verlassene Boden eines schönen Landgutes nach dem Rechte der Verwandtschaft zugefallen sei, angebaut und ausgeschmückt, aber vor Vollendung des Werkes aus dem Leben scheiden müssen; das schmerze um so mehr, je mehr das, was er zurückgelassen, entzücke. (Vgl. Vit. Sol. c. 31. 32.) Wie Solon diesen Stoff verarbeitete, wie Plato ihn weiter behandelte, darüber lassen sich höchstens Vermuthungen aufstellen, denen aber eine sichere Basis fehlt; nur so viel steht fest, daß die Sage dem Solon von aegyptischen Priestern mitgetheilt worden ist, er sie poetisch darzustellen begonnen hat, Plato die Dichtung weiter behandelte, aber vor ihrer Vollendung starb.²⁶) — Von den trochaeischen Gedichten Solon's kennen wir nur die Bruchstücke, welche Plutarch Vit. Sol. c. 14. 15. 16. erhalten hat. Nachdem die kylonischen Wirren ihr Ende erreicht hatten, aber neue Parteistreitigkeiten über die Verfassung ausgebrochen waren, wandten sich die Verständigsten unter den Athenern an Solon und baten ihn bringend, er möge durch Vereinigung der Regierungsgewalt in seiner Hand den Staat in eine neue Verfassung hinüberleiten; allein er verwarf jeden Gedanken der Art mit größter Entschiedenheit, weil es ihm nicht darum zu thun war, selbstische Gelüste zu befriedigen oder nach trügerischer Größe zu streben. In diesem Sinne schreibt er an einen gewissen Phokus, den wir aus anderweitigen Mittheilungen nicht kennen, in dem ersten uns erhaltenen Fragmente: „Wenn ich das Vaterland schonte, Tyrannenmacht und unerbittliche Gewalt nicht anlegte, weil ich sonst befleckte und beschimpfte meinen Ruhm, so schäme ich mich dessen nicht; auf diese Weise hoff' ich besser zu besiegen alle Menschen." — In dem zweiten Fragmente, welches sich in demselben Kapitel befindet, zeichnet er die Spöttereien über seine Abneigung gegen die Tyrannis folgendermaßen: „Solon ist kein kluger Mann, noch tiefen Geistes; Herrliches bot ihm die Gottheit, doch er nahm's nicht an; schon umschließend den Fang zog er geblendet das große Netz nicht an, weil ihm fehlte der Muth und die Einsicht. Ich hätte wohl um die Herrschaft und den unermeßlichen Reichthum und wenn ich nur einen Tag Tyrann von Athen gewesen, mich später schinden lassen und zermalmen mein Geschlecht." So läßt er den großen Haufen von sich reden. — Allein obgleich er die Tyrannei von sich wies, verfuhr er doch nicht allzuschonend und ließ sich durch keine Rücksicht leiten; jedoch wendete er aber auch da, wo es am besten gewesen wäre, keine Heilmittel und Neuerungen an. In dieser Beziehung sagt er: „Ich dürfte, wenn ich in der Stadt alles verrückt und umgekehrt hätte, zu schwach sein, es wieder in Ordnung und Einheit zu bringen." ²⁷) — Daß er bei den Meisten anstieß, weil sie ganz anderes von ihm erwartet hatten, sagt er selbst in dem in Vit. Sol. c. 16 erhaltenen Fragment: „Mit thörichten Hoffnungen trugen sie sich damals; jetzt blicken sie zürnend scheel mich an wie einen Feind." — Nach dem ausdrücklichen Zeugniß von Ael. Aristid. II. 397 schrieb Solon eine Schrift Εἰς ἑαυτὸν καὶ τὴν ἑαυτοῦ πολιτείαν; hierher gehören die von Plutarch Vit. Sol. c. 15. 16. gegebenen Fragmente; der Inhalt derselben bezieht sich auf die von Solon eingeführte σεισάχθεια. So rühmt er sich, daß er von dem zuvor ver-

---

²⁵) Vgl. Plat. Tim. p. 21.
²⁶) Vgl. Posid. bei Strab.: Τῆς Ἀτλαντίδος, περὶ ἧς ἐκεῖνος ἱστορῆσαι Σόλωνά φασι, πεπυσμένον παρὰ τῶν Αἰγυπτίων ἱερέων." Plat. Tim. p. 21. Crit. p. 108. 113.
²⁷) Die Worte Vit. Sol. c. 15: „κατεπαύσε καὶ ταράξας τὴν πόλιν ἀσθενέστερος γίνεται τοῦ καταστῆσαι πάλιν καὶ συναρμόσασθαι" sind nach J. Bekker. Jen. Lit. 1810. № 187 Worte des Solon. Schneidewin delect. p. 34 nimmt die Konjectur Schaefer's συγχέας, ἀκαντάκασι... auf und will statt γίνηται, γένωμαι oder γενοίμην lesen.

pfändeten Land „die zahlreich aufgesteckten Marken weggenommen; daß das Land, welches vormals in Knechtschaft lag, jetzt frei geworden"; daß er von den ihren Gläubigern Verfallenen die einen aus der Fremde zurückgeführt, „die kein attisches Wort mehr redeten, als hätten sie die Welt durchirrt; die anderen, welche in der Heimath schmachvolle Knechtschaft erduldeten", freigemacht habe. Dies vollbrachte er, „indem er Gewalt mit Recht verband", ein anderer aber würde „sein Herz nicht bezwungen, noch geruht haben, bis er alles aufgewühlt und den Rahm der Milch genommen hätte." — Außer den vorstehend angeführten Fragmenten überliefert Plutarch an elf Stellen der Biographie Aussprüche des Solon: c. 14. läßt er ihn sagen, daß er erst nach vielen Bedenken Theil an den öffentlichen Geschäften genommen, weil er der einen Habsucht, der anderen übermüthigen Trotz gefürchtet habe. In demselben Capitel erwähnt er die von ihm umlaufenden Aeußerungen: Gleichheit mache keinen Krieg; die Tyrannei sei ein schöner Platz, habe aber keinen Ausgang. C. 15 antwortet Solon auf die Frage, ob er den Athenern die besten Gesetze gegeben habe: „die besten, welche sie angenommen haben würden"; c. 18 denen, die von ihm erfahren wollten, welche Stadt die besten Einrichtungen habe: „diejenige, in welcher sich auch die Unbetheiligten der Gekränkten annehmen und die Schuldigen zur Rechenschaft ziehen." (Aehnliches bei Diog. Laert. I. 59.) c. 29 läßt Plutarch den Solon über Pisistratus urtheilen: Wenn man die Begierde, der erste zu sein, aus seinem Herzen nehmen und seine Sucht nach unumschränkter Gewalt heilen könnte, dann gebe es keinen Bürger, der mehr zum Guten befähigt wäre, noch einen besseren. In demselben Kapitel erwidert Solon dem Thespis, der sich gegen den ihm gemachten Vorwurf der Täuschung zu rechtfertigen suchte: „Wenn wir solchen Scherz loben und ehren, so werden wir ihn bald im Handel und Wandel finden." Als sich Pisistratus selbst verwundet hatte und das Volk aufregte, sagte Solon zu ihm (Vit. Sol. c. 30): „Du spielst, o Sohn des Hippokrates, die Rolle des homerischen Odysseus nicht gut; denn du thust das, um deine Mitbürger zu täuschen, wodurch jener die Feinde täuschte, als er sich verwundete." Als sich die Athener von Pisistratus hatten überlisten lassen, die Armen sein Verlangen nach einer Schutzwache gewähren wollten und tobten, die Reichen aber feige davon liefen, sagte Solon (in demselben Kapitel), daß er verständiger sei als jene, muthiger als diese; verständiger als diejenigen, welche nicht einsähen, worauf es abgesehen sei; muthiger als diejenigen, welche es zwar merkten, aber sich scheuten dem Tyrannen entgegenzutreten. Dann tadelt er die Kopflosigkeit und Feigheit der Athener, indem er sagt: Früher wäre es leichter gewesen, die Tyrannei im Keime zu unterdrücken, jetzt aber sei es größer und ruhmvoller, die herangewachsene und erstarkte Tyrannei auszurotten und zu vertilgen. Als ihn Viele wegen seiner Tollkühnheit vor dem Tyrannen warnten und ihn fragten, worauf sich denn verlasse, antwortete er: „Auf mein Alter."

Was nun den historischen Werth der solonischen Poesie anlangt, so wird kein gegründeter Widerspruch gegen die Behauptung erhoben werden können, daß kein Grund vorliegt, ihre historische Glaubwürdigkeit anzuzweifeln, daß Plutarch von einem richtigen Blick geleitet wurde, indem er die Gedichte Solon's als freie Aktenstücke mit der äußeren Geschichte verwob. Solon war nicht nur einer der reinsten und gediegensten Charaktere in der griechischen Geschichte, sondern auch ein klarer harmonischer Geist, bei welchem ein tiefer politischer Verstand mit seiner Bildung und liebenswürdigen Eigenschaften des Herzens auf's innigste verbunden war; zugleich war er der einzige griechische Staatsmann aus der klassischen Zeit, der mit Eifer und entschiedenem Erfolg das politische Leben mit der Poesie verband. Schon in früher Jugend auf den Ringplätzen wie in den Künsten

der Musen geübt, war der junge Eupatride von einer unermüdlichen Lernbegierde erfüllt und bewahrte sie bis an sein Lebensende; sie war es, die ihn frühzeitig veranlaßte aus dem engen Kreise seiner Heimath herauszutreten, um die Welt kennen zu lernen. Seinem wachen und hellen Blick, der durch Reisen, Freundschaft, öffentliche Geschäfte und Anerkennung bei den verschiedenen Parteien geschärft wurde, konnten die Bewegungen der Zeit, die ihm überall mächtig entgegentraten, nicht entgehen; denn er war ein scharfer Beobachter menschlicher Zustände, ein tiefer Kenner der Zeit und ein einsichtsvoller Staatsmann, der durch das unantastbare Ansehen der reinsten Vaterlandsliebe die Gemüther beherrschte. Dazu war ihm die Kraft des Dichters verliehen, die ihn drängte seinen Ansichten und Neigungen poetischen Ausdruck zu geben. Gewandt in der Behandlung der verschiedenen Formen der Poesie zeigt Solon in seinen Dichtungen ein vielseitiges Talent nicht nur für mannigfache Darstellung des Privatlebens, sondern ganz besonders auch für Darstellung seiner politischen Absichten und Erfahrungen; ein jeder Abschnitt seines Lebens ist in ihnen in gewandter Form, mit sinnlicher Lust, heiterem Sinn und ernster Weisheit so klar gezeichnet, daß sie als ein reiner Spiegel seines an Freude und Leid des Vaterlandes theilnehmenden Gemüthes und seines warm und kräftig fühlenden Herzens, als ein lauterer Ausdruck seiner politischen Stimmung und als der freie Herzenserguß einer edlen, schönen Seele ein lebendiges Bild von dem Manne geben, dessen Namen unter den Edelsten und Weisesten aller Zeiten glänzt. Was ihm anfangs nur ein heiterer Scherz, eine angenehme Unterhaltung in Mußestunden gewesen war, wurde für ihn ein geistiges Organ, als er mit den zerrütteten Verhältnissen einer politisch unreifen Gemeinde beschäftigt und nach Vollendung seiner Gesetzgebung vielfach Veranlassung fand, seine Mitbürger über die Absichten aufzuklären, von denen er bei den mannigfachen von ihm getroffenen Einrichtungen geleitet wurde und sie von ihrem Werthe zu überzeugen, ihnen die Lage des Staates zu zeichnen und sie über die Pläne der Parteien aufzuklären, die Reinheit seines Willens zu verfechten, den Weg zum Bessern zu zeigen und die Erfolge mancher Einrichtungen zu rechtfertigen, die zwar hart angegriffen waren, aber das durch den Uebermuth und die Habsucht der Führer, durch das Elend der Armen zerrüttete Vaterland in eine bessere Lage versetzt hatten. In jedem Fragmente von Solon's dichterischem Nachlaß spricht sich der Geist reiner Humanität, das feine sittliche Maß und der Reichthum der Erfahrung aus, den er über den Widersprüchen und Leidenschaften des Lebens stehend sich erworben und in anmuthigem und gewandten Vortrag zu lichtvoller und lebendiger Darstellung gebracht hat. Deßhalb erhalten wir durch seine Verse ein lebendiges und anschauliches Bild nicht nur von ihm selbst, sondern auch von jener unglücklichen Zeit Athens, als durch irgend eine historische Beschreibung. Seiner dichterischen Begabung giebt Plato (Tim. p. 21.) das schönste Zeugniß:
„Εἶπεν οὖν δή τις τῶν φρατόρων... δοκεῖν οἱ τά τε ἄλλα σοφώτατον γεγονέναι Σόλωνα καὶ κατὰ τὴν ποίησιν αὖ τῶν ποιητῶν πάντων ἐλευθεριώτατον. ὁ δὲ γέρων — μάλα τε ἥσθη καὶ διαμειδιάσας εἶπεν, εἴ γε... μὴ παρέργῳ τῇ ποιήσει κατεχρήσατο, ἀλλ' ἐσπούδακει καθάπερ ἄλλοι, τόν τε λόγον ὃν ἀπ' Αἰγύπτου δεῦρο ἠνέγκατο ἀπετέλεσε, καὶ μὴ διὰ τὰς στάσεις ὑπὸ κακῶν τε ἄλλων, ὅσα εὗρεν ἐνθάδε ἥκων, ἠναγκάσθη καταμελῆσαι, κατά γ' ἐμὴν δόξαν οὔτε Ἡσίοδος οὔτε Ὅμηρος οὔτε ἄλλος οὐδεὶς ποιητὴς εὐδοκιμώτερος ἐγένετο ἂν ποτε αὐτοῦ."
Sind also die uns erhaltenen Bruchstücke der solonischen Gedichte als eine Quelle anzusehen, an deren Autorität nicht gezweifelt werden kann, so läßt sich dasselbe nicht von den oben angeführten, dem Solon von Plutarch in den Mund gelegten Aussprüchen behaupten. Ein Nachweis, woher sie

2*

Plutarch genommen, läßt sich nicht liefern; sie können in seinen Dichtungen gestanden haben, aber ebensogut auch bei anderen Gelegenheiten von ihm ausgesprochen worden sein. Sie sind, wenngleich ihre historische Gewähr zweifelhaft erscheint, gut und dem Charakter des Mannes angemessen erfunden und wir dürfen in den meisten dieser Aeußerungen wohl weiter nichts sehen als sinnvolle Züge, die die Person Solon's in ein anmuthiges Licht setzen, als einen arglosen Schmuck, der die glänzende Figur des großen Staatsmannes erhöhen sollte.

Da Plutarch, wie oben gezeigt worden ist, in seinen biographischen Darstellungen nicht sowohl das Bild eines durch Großthaten hervorragenden Individuums geben wollte, sondern bei Abfassung derselben vielmehr eine moralische Tendenz vor Augen hatte und deßhalb die Schilderung des Privatmannes vor der des Staatsmannes überwog, so mußte er in den Schriften der Peripatetiker ein reiches und ganz besonders geeignetes Material zur Erreichung seines Zweckes finden. Die Hauptbestrebungen der Peripatetiker waren darauf gerichtet, von den Werken der griechischen Literatur kritische Bearbeitungen, biographische Sammlungen, bibliographische Verzeichnisse und andere darauf bezügliche Schriften zu liefern. In dieser Beziehung hat sich vor allen der große Denker Aristoteles, dessen ungeheures Genie das ganze Reich der Erkenntniß umfaßte, ein großes Verdienst erworben; im Besitz zahlreicher Hülfsmittel und eines tiefsinnigen philosophischen Systems unternahm er es, eine zusammenhängende Geschichte der Poesie und eine eingehende Theorie derselben zu schreiben; von seiner Bedeutung auf diesem Gebiete legen die durch Geist und großartige Gelehrsamkeit ausgezeichneten zerstreuten Notizen Zeugniß ab. In dieser Richtung folgten ihm die meisten seiner Schüler, blieben aber weit hinter der Ueberlegenheit des großen Meisters zurück;[18]) bei ihnen überwogen sehr bald die Biographie und vermischte Sammlungen, die zwar durch den darauf verwendeten, häufig bis zu kleinen und oft nur äußerlichen Einzelheiten hinabsteigenden Fleiß[19]) achtungswerth sind, denen aber eingehende Kritik und wissenschaftliche Methode abgehen, so daß sie wohl durch ausgedehnte und mannigfache Gelehrsamkeit Bedeutung haben, nicht aber den Ruhm der Genialität beanspruchen können. Deßhalb haften an dieser Schriftstellerei die bösen Schattenseiten des mechanischen Sammelfleißes, bei dem das schöpferische Genie keine Geltung hat und die nur in massenhafter Gelehrsamkeit Befriedigung findet. So wurde die Schule der Peripatetiker eine Pflanzstätte τῆς ἐγκυκλίου παιδείας und ihr Grundton spricht sich aus in einer geistlosen und verkünstelten Polymathie und Polygraphie. Diese Polymathie, welche ohne tiefere Kritik, ohne wissenschaftliche Methode und ohne psychologisches Verständniß den äußerlichen Vorrath eines weitläufigen Stoffes bearbeitete, konnte dem Geiste eine gediegene Nahrung nicht geben; sie bewirkte Ueberladung anstatt Sättigung und zeichnete sich nicht aus durch ἀκρίβεια, sondern gefiel sich in eitler πολυιδρία. Mit Recht sagt Seneca (ep. XI.): „Nusquam enim, nusquam est, qui ubique est, et lectio multorum auctorum atque omnis generis voluminum aliquid vagum habet et instabile — animum distrahit librorum multitudo." Ihre Arbeiten nahmen aber durch feindselige Polemik einen gehässigen Ton an und wurden nicht mehr mit Unparteilichkeit entworfen, sondern, wie man aus sicheren

---

[18]) Vgl. Plat. Vit. Syll. 26: „Οἱ δὲ πρεσβύτεροι Περιπατητικοὶ φαίνονται μὲν καθ' ἑαυτοὺς γενόμενοι χαρίεντες καὶ φιλόλογοι, τῶν δὲ Ἀριστοτέλους καὶ Θεοφράστου γραμμάτων οὔτε πολλοῖς οὔτε ἀκριβῶς ἐντετυχηκότες."

[19]) Vgl. Heyn. De gen. saec. Ptol. Opusc. acad. I. p. 104: „Nam grammatica*) subtilitate ingenia attenuata et in angustum coarctata ad minutias et inanes argutiones deducta sunt."

*) „Hanc autem dico grammaticam antiquitatis indagatricem, quae hominum, temporum, rerumque gestarum monumenta memoria et iudicio complectitur." (Lobeck ad Phryn. p. 481.)

— 13 —

Andeutungen schließen kann, oft absichtlich durch unwahre Berichte und romanhafte Uebertreibungen entstellt und von ihrer abenteuerlichen Einbildungskraft in das Wunderbare hineingearbeitet, ja manche von ihnen scheuten sich nicht, untergeschobene Werke dem Publikum zu übergeben.[30]) Daher sind ihre Schriften mit Fabeln angefüllt, ist in ihnen Falsches mit Wahrem, Verbürgtes mit Unverbürgtem vermischt, so daß viele von ihnen sich den Vorwurf der φιλοδοξεία zugezogen haben.[31]) Muß also anerkannt werden, daß der Stoff meist mit großem Fleiß zusammengesucht worden ist und darf man die Hingebung an die oft kleinlichen Mühen der Forschung aufrichtig bewundern, so sind doch ihre Arbeiten meist ohne Kenntniß und Urtheil zusammengestellt und nicht ausgezeichnet durch Neues, sondern nur durch mühsames Zusammensuchen und Commentiren,[32]) so daß das Streben ihre Gelehrsamkeit zu zeigen, nicht ohne nachtheiligen Einfluß auf die geschichtliche Wahrheit bleiben mußte. Im Allgemeinen kann man wohl dem Urtheile Luzac's beistimmen, welcher p. 167 sagt: „Semel dixisse satis sit, quanto magis Aristotelicorum scientia multiformis fuerit, quanto plurium rerum seu naturalium, seu moralium, studium appetiverint, tanto magis praecipitem ad errores et vitia illorum disciplinam fuisse, praecipue si consideremus, eam in minimis aeque utque in magnis, in antiquis aeque ac recentioribus, in remotis, peregrinis, mirabilibus, aeque utque in praesentibus, patriis et consuetis, in egregiis denique facinoribus ac virtutibus laudandis aeque atque in narrandis probris et flagitiis fuisse versatum." (Vgl. p. 137—149.[33]) — Die Namen der Peripatetiker, deren Schriften Plutarch nach seiner eigenen Angabe benutzt hat, sind Theophrast, Demetrius, Phanias, Herakleides und Hermippus.

Den Theophrast führt Plutarch an zwei Stellen der Biographie des Solon als seine Quelle an: c. 4. sagt er in der bekannten Erzählung von dem Herumgehen des Dreifußes, daß Theophrast etwas abweichend von den Berichten der anderen erzähle, der Dreifuß sei zuerst nach Priene an Bias geschickt worden, von Bias aber nach Milet an den Thales und so sei er durch alle Hände .

[30]) Vgl. Jo. Luzac. Lectt. Attic. p. 150: „Frequentes nimis istae commentitiorum scriptorum suppositiones — subditos suos foetus splendido nomine commendantibus — sive peiori etiam fraudi, ut incautos lectores facilius circumvenirent homines docti quidem illi et eruditi, sed improbi plerique ac mendaces, alii male quaesitae famae, alii turpi lucro inhiantes et ii quidem Peripatetici." Ueber die πεπανουργουμέναι ἐπιγραφαί vgl. Galen. in Hippocr. de nat. Hom. lib. I. (tom. V. opp. p. 16. 50. ed. Basil.). Petr. Burmann. ad Henr. Vales. de Critic. lib. I. c. 1. p. 147. Rich. Bentley. epist. ad Wotton. p. 4. und Respons. ad Boyleum. p. 6. (ed. Lennep.) Heyne. Opusc. acad. Vol. I. p. 127. Jo. Clericus. Art. crit. parte III. sect. 2. c. 1. §. 8. Jo. Wower. de Polym. c. 16.

[31]) Vgl. Luzac. p. 162: „Ἀριστορησίαι, repugnantiae, ἀπορίαι inextricabiles, narrationes incredibiles, fabulae, errata communia."

[32]) Heyne. p. 90: „Ut ad notionem verborumque subtilitates migraverit philosophia; historia autem vitae magistra, in rhetoricis areolis se iactaverit et delectationem scribendi finem constituerit, hancque ipsam non in gravitate rerum et utilitate, sed in rerum figmentis oratoriaque exornatione collocaverit."

[33]) Vgl. Hermann de fontt. etc. p. VI: „Illud tamen testimoniis veterum et ipsorum fragmentis facile apparet, maiorem illos operam in conquirendis et coacervandis, quam in disponendis concinnandisque clarorum hominum dictis factisque posuisse, nec veri semper amantissimos fuisse, sed admirabilia potius et singularia maxime sectatos esse, neque a maledicentia sibi partiumque studiis temporasse, unde factum est, ut eorum scripta, etiam quae historici argumenti essent, interdum magis curiosorum hominum commenta quam veram et iustam rerum memoriam continerent."

wieder zu Bias gekommen, bis man ihn zuletzt nach Delphi gesendet. (Darauf fährt Plutarch fort: Dies wird von mehreren erzählt, nur lassen einige das Geschenk nicht in einem Dreifuße bestehen, sondern in einer von Kroesus überschickten Trinkschale, andere in einem von Bathykles hinterlassenen Becher. Aus Diog. Laert. I. 29. ergiebt sich, daß unter οἱ μὲν Eudorus aus Knidos, ein Schüler des Plato, der um Ol. 103 lebte und Euanthes von Milet zu verstehen sind, unter οἱ δὲ aber Eleusis und Alexander von Myndos in Karien und Kallimachus nach Leander von Milet.)**) In c. 31. berichtet Plutarch, daß nach Theophrast nicht Solon, sondern Pisistratus der Urheber des Gesetzes gegen den Müßiggang gewesen sei. — Welcher von den zahlreichen Schriften Theophrast's diese Mittheilungen entnommen sind, kann bei der ganz allgemeinen Nennung seines Namens an diesen Stellen nicht bestimmt werden, da sie alle untergegangen sind (die seinen Namen führenden ἠθικοὶ χαρακτῆρες sind unächt) und wie man aus den erhaltenen Titeln²⁴) zu schließen berechtigt ist, verwandten Inhalts waren. Plutarch scheint, wenngleich er Vit. Nic. 11. von ihm abweicht und sich der Ansicht τῶν πλειόνων anschließt und die Mittheilung Vit. Arist. 25., für die er den Theophrast als Gewährsmann anführt, wegen ihrer chronologischen Unmöglichkeit zu verwerfen ist, auf sein Zeugniß Gewicht gelegt zu haben, da er ihn Vit. Alc. 10. einen ἀνὴρ φιλήκοος καὶ ἱστορικὸς παρ' ὁντινοῦν τῶν φιλόσοφων nennt und ihn in seinen Biographien häufig anführt. (Vit. Demosth. 10. 17. Lyc. 10. Per. 23. 25. 38. Lys. 13. 19. Nic. 10. 11. Ages. 2. 30. Alex. 4. Cat. 37. Agid. 2.) Theophil. probl. phys. nennt ihn τὴν τῆς γνώσεως θάλατταν. Luzac urtheilt über ihn sehr günstig: p. 139 stellt er mit ihm den Demetrius zusammen und nennt beide egregium discipulorum par, qui praeceptori proximi fuerunt; in ähnlichem Sinne sagt er p. 141 von beiden quos praeceptore suo non longe inferiores fuisse agnoscimus, p. 165. Theophrastum impense amemus. Böckh (Staatshaushaltung b. Ath. Bd. I. p. 178) rühmt ihn als einen überall nach dem Leben schildernden Autor.

Demetrius Phalereus, ein Schüler des Theophrast, im attischen Demos Phaleron um Ol. 108 oder 109 geboren, war nach Diog. Laert. V. 80. Verfasser von ziemlich fünfzig Schriften politischen und antiquarischen Inhalts. Aus welcher die sich Vit. Sol. c. 23. findende Notiz, daß der gewöhnliche Preis eines Ochsen fünf Drachmen, der eines Schafes eine Drachme gewesen sei, genommen ist, läßt sich mit Gewißheit nicht angeben; vielleicht stand diese Bemerkung in περὶ τῆς Ἀθήνησι νομοθεσίας. Plutarch erwähnt ihn außerdem öfter in seinen Biographien (Vit. Lyc. 23. Arist. 1. 5. 27. Demosth. 9. 11. 14. 28.), spricht aber über die Zuverlässigkeit seiner historischen Nachrichten nirgends ein bestimmtes Urtheil aus; vielleicht läßt sich aus Vit. Demosth. 9 εἴ τι δεῖ πιστεύειν Ἐρατοσθένει καὶ Δημητρίῳ τῷ Φαλερεῖ καὶ τοῖς κωμικοῖς der Schluß ziehen, daß er sie nicht allzu hoch anschlug. Diog. Laert. V. 80, auf dessen Urtheil nicht allzuviel Gewicht zu legen ist, nennt ihn εὐπαίδευτος καὶ πολύπειρος παρ' ὁντινοῦν. So viel steht fest, daß die älteren Peripatetiker wie Demetrius und seine nächsten Mitschüler den Ernst und kritischen Blick voraus hatten, den man bei den späteren Anekdotensammlern dieser Schule vergebens sucht; beßhalb nehmen wir keinen Anstand, den über Theophrast und Demetrius von Luzac ausgesprochenen Urtheilen beizustimmen,

---

²⁴) §. 38.: „Βαθυκλία γάρ τινα Ἀρκάδα φιάλην καταλιπεῖν καὶ ἐπισκῆψαι δοῦναι τῶν σοφῶν τῷ πρωτίστῳ."
²⁵) Vgl. Harpocr. s. v. Ἀρθμιος, ἀποβάτης, ἐάν τις, ἐν φρεατοῖ, ἱερεία, διαμοθέται, ἱεροτελής, καταγειροτονία, παρασκηνία, σκαφηφόροι, ὑποφόνια, φαρμακοῦντα. Schol. Plat. legg. p. 530. ed. ster. Diog. Laert. V. 2, 43. 399.

der über des letzteren Glaubwürdigkeit ausdrücklich sagt (p. 165): „Demetrii Phalerii et Phaniae fidem grati agnoscamus."

Phanias von Eresos auf Lesbos, ein Schüler des Aristoteles und Freund des Theophrast, war ein sehr fruchtbarer Schriftsteller; er verfaßte zahlreiche Werke historischen und philosophischen Inhalts. Die Schrift, welcher Plutarch (Vit. Sol. c. 14.) die Angaben, daß sich Solon eines Betrugs bedient, indem er heimlich den Armen Theilung des Landes, den Reichen Sicherung ihrer Schuldverschreibungen versprochen habe, und c. 32. daß Solon die Alleinherrschaft des Pisistratus nicht volle zwei Jahre überlebt habe und unter Hegestratos dem unmittelbaren Nachfolger des Komias gestorben sei, entnommen sind, läßt sich nicht namhaft machen; doch ist es nicht unwahrscheinlich, daß sie dem Werke περὶ πρυτάνεων Ἐρεσίων angehören, einer Art Annalen, worin mit Angabe der athenischen Archonten die wichtigsten Ereignisse der Zeitfolge nach angeführt werden. Plutarch citirt den Phanias öfters (Vit. Them. 1. 7. 13. 27. 29.); in Vit. Them. c. 13. legt er in den Worten ταῦτα μὲν οὖν ἀνὴρ φιλόσοφος καὶ γραμμάτων οὐκ ἄπειρος ἱστορικῶν Φανίας ὁ Λέσβιος εἴρηκε seinem Zeugnisse besondere Bedeutung bei; ebenso berücksichtigt er bei Differenzen (wie Vit. Them. c. 1. 27.) ganz besonders seine Angaben.

Herakleides Pontikus aus Herakleia am Pontus, ein Schüler des Plato, Speusippos und Aristoteles, um Ol. 113., verfaßte eine Menge Schriften rhetorischen, philosophischen, ethischen, physikalischen, grammatischen, musikalischen und auch historischen Inhalts. Plutarch erwähnt ihn an vier Stellen dieser Biographie: c. 1. sagt er, daß nach Herakleides Solon's Mutter ἀνεψιά des Pisistratus gewesen sei, eine Mittheilung, die chronologisch nicht zu rechtfertigen und deßhalb ohne weiteres als falsch zu verwerfen ist; c..22. citirt er aus Herakleides ein Gesetz, nach welchem die mit Hetären erzeugten Kinder dem Vater keinen Unterhalt schuldig seien; c. 31. sagt Plutarch, daß nach Herakleides Pisistratus in dem Gesetz, wonach jeder im Krieg Verstümmelte auf öffentliche Kosten unterhalten werden mußte, einen Vorgang in dem von Solon bei der Verstümmelung des Thersippus gestellten Antrag gehabt habe. (Vgl. Boeckh. Staatshaush. b. Athen. Bd. I. p. 342 f.); c. 31. giebt er die Behauptung des Herakleides, daß Solon noch geraume Zeit den Anfang der Alleinherrschaft des Pisistratos überlebt habe. — In welcher seiner Schriften diesen Stellen ein Platz anzuweisen wäre, ist nicht möglich zu entscheiden; sie können in dem bei Diog. Laert. V. 87 erwähnten περὶ βίων — obschon die Annahme, daß dieses ein dem Titel entsprechendes historisches Werk gewesen sei, gegründetem Bedenken unterliegt — oder auch in seinen moralphilosophischen Werken eine Stelle gehabt haben. (Vgl. Müller frgm. hist. graec. p. 199. 200.) Diog. Laert. sagt von ihm V. 86: „Φέρεται δ' αὐτοῦ συγγράμματα κάλλιστά τε καὶ ἄριστα." und 89: „ἐν ἅπασι ποικίλος τε καὶ διηρημένος τὴν λέξιν ἐστὶ καὶ ψυχαγωγεῖν ἱκανῶς δυνάμενος." Diesen übertriebenen Erhebungen gegenüber ist wohl größeres Gewicht auf das Urtheil Plutarch's zu legen, der ihn Vit. Cam. 22. als μυθώδης und πλασματίας tadelt, und auf das Cicero's, der ihm de nat. deor. I. 13. vorhält, daß er seine Bücher mit kindischen Fabeln anfülle. Jonsius sagt von ihm lib. I. c. 17. §. 1.: „Fidem ei in omnibus tuto haberi non posse, antiqui iudicarunt, quod non modo aliena per furta, sed falsis quoque per figmenta lectorem decipiat." Wenngleich seine Werke durch Gelehrsamkeit anziehend waren, so treten doch an ihn in auffallender Weise die den meisten Peripatetikern anhaftenden Fehler hervor; er verrieth ganz besonders durch Aufnahme von wunderbaren Mährchen und kindischen Fabeln Mangel an Kritik.

Hermippus wird von Plutarch in der Biographie des Solon c. 2. 6. 11. namentlich angeführt. Vossius und nach ihm andere nehmen Smyrna als seinen Geburtsort an. Das Epitheton ὁ Σμυρναῖος findet sich jedoch nur einmal bei Athen. VII. 327. c., wo ein sonst nirgends erwähnter Commentar eines Hermippus zu dem Jambographen Hipponax angeführt wird, der ebenso gut einen anderen Hermippus als den unsrigen zum Verfasser gehabt haben kann; es bleibt demnach dahingestellt, ob der dort genannte Ἕρμιππος ὁ Σμυρναῖος mit dem unsrigen identisch ist. Seine Lebenszeit bestimmt L. Preller (N. Jahrb. f. Phil. und Paed. Bd. 17. Hft. 2. p. 160.) nach dem Etym. M. 118. 11 zwischen Ol. 129 und 144. In Alexandria, einer Stadt „bonarum rerum copia tam temporis florentissima, totius terrarum orbis quasi forum, inquam confluebant, qui doctrinarum et literarum studiis tenerentur," (Heyn. Opusc. acad. I. p. 125) schloß er sich der alexandrinischen Polymathie an und nur in diesem Sinne kann er Peripateticus genannt werden, ohne daß er die aristotelische Philosophie zum Mittelpunkte seines Denkens gemacht oder durch seine Thätigkeit fortgebildet hätte, da nicht einmal der Titel einer im eigentlichen Sinne des Wortes philosophischen Schrift des Hermippus bekannt ist; vielmehr ging er mehr aus der Schule des Kallimachus hervor, da seine literarische Thätigkeit sich unzweifelhaft an die seines Meisters anschloß, indem seine Schrift περὶ τῶν ἐν παιδείᾳ λαμψάντων, der bedeutendste Theil seiner βίοι, nur als eine Ausführung des literarhistorischen Handbuches des Kallimachus περὶ τῶν ἐν πάσῃ παιδείᾳ διαλαμψάντων καὶ ὧν συνέγραψαν anzusehen ist, doch so, daß Hermippus, obwohl er in Beziehung auf Kallimachus arbeitete, nicht von ihm abhängig war, sondern sich in den leitenden Gesichtspunkten und der darnach entworfenen Eintheilung seines Werkes volle Selbständigkeit bewahrte. Deßhalb ist das gewöhnliche Epitheton des Hermippus Καλλιμάχειος (vgl. Athen. II. 59. F. V. 214. F. XV. 696. F.) und er ist mehr zu den Philologen zu zählen als zu den Philosophen, die aus dem Lyceum hervorgegangen sind. In Alexandria bildete sich Hermippus an dem unvergleichlichen Bücherschatz der Ptolomäer und fand hier den Stoff zu seinen historischen Forschungen. Von den vielen Stellen und Titeln, die unter seinem Namen genannt werden, ist nur das oft genannte biographische Werk, dessen Universaltitel wahrscheinlich *Βίοι* war, auf den Kallimacheer zurückzuführen; die meisten übrigen können nicht mit gleicher Sicherheit ihm beigelegt werden. Von diesen *Βίοι* nimmt Preller a. a. O. p. 161 als bestimmt geschiedene Unterabtheilungen an περὶ τῶν ἑπτὰ σοφῶν, die von der Weisheit der ältesten Vorzeit gehandelt habe; περὶ τῶν νομοθετῶν über die Anfänge und Entwickelung der gesellschaftlichen und bürgerlichen Kultur Griechenlands; περὶ τῶν ἐν παιδείᾳ λαμψάντων von den philosophischen und rhetorischen Schulen und Literaturen. Plutarch nennt Vit. Sol. c. 2. den Hermippus ausdrücklich als Gewährsmann für die Erzählung, daß Solon, da sein Vater sein Vermögen durch Wohlthun verringert habe, aus dem engen Kreise der Heimath herausgetreten sei und Handelsgeschäfte getrieben habe. c. 6 erzählt Plutarch die bekannte Anekdote über den Aufenthalt des Solon bei Thales, die Hermippus dem Patäkus nacherzählt. Wer dieser Patäkus, ὅς ἔφασκε τὴν Αἰσώπου ψυχὴν ἔχειν, war, ist unbekannt; Preller (a. a. O. p. 178.) vermuthet in ihm einen alten Fabeldichter, der vielleicht derselbe war, welcher in einer Tradition der attischen Komoedie von einem Aesopus redivivus, der bei den Thermopylen mitgekämpft hätte, vorkommt. (Vgl. Grauert de Aesopo p. 38.) c. 11. wird von Plutarch behauptet, daß Solon in dem nach Beschluß der Amphiktyonen gegen die Kirrhäer unternommenen Krieg nicht Feldherr war, wie dem Hermippus zufolge Euanthes von Samos behauptet. (Dieser Euanthes ist vielleicht identisch mit Euanthes dem Milesier, der bei Diog. Laert. I. 29. von den sieben Weisen handelt.

Vgl. Preller a. a. O. p. 178. Müller frgm. hist. graec. III. p. 2.) — Daß Plutarch aber bei Hermippus auch außerdem benutzte, ohne ihn ausdrücklich als Gewährsmann zu nennen, läßt sich mit ziemlicher Sicherheit nachweisen. So ist die Annahme nicht ungegründet, daß bei der Erzählung von dem Herumgehen des Dreifußes eine Schrift des Hermippus die Quelle war, da Diogenes von Laerte, welcher den Hermippus durchgängig benutzte, diese Anekdote gerade so wie Plutarch erzählt und ebenso wie dieser die abweichenden Berichte anderer anführt. Ferner steht es fast außer Zweifel, daß Plutarch die Erzählung von dem Besuche des Anacharsis bei Solon (Vit. Sol. c. 5.) dem Hermippus verdankt, da Diog. Laert. I. 101. 102. im Wesentlichen dasselbe berichtet und zwar mit ausdrücklicher Angabe des Hermippus als Gewährsmann. Ebenso zweifellos scheint es, daß Plutarch den Bericht über den Aufenthalt des Epimenides von Kreta in Athen (Vit. Sol. c. 12.) und die durch denselben vollzogene Sühnung der Stadt dem Hermippus nacherzählt, der in einer Abtheilung περὶ τῶν ἑπτὰ σοφῶν vermuthlich in zwei Büchern das Leben dieses Mannes dargestellt hat, wovon uns bei Proklus in seinem Kommentare zu Hesiod ein Fragment erhalten ist.

— Aus welchen Schriften des Hermippus Plutarch das in der Biographie des Solon Erzählte entnommen hat, läßt sich mit voller Sicherheit nicht nachweisen; was er über die sieben Weisen erzählt, hat er höchst wahrscheinlich in περὶ τῶν ἑπτὰ σοφῶν gefunden; hier kann auch das auf Solon Bezügliche gestanden haben, da er dessen Leben in einem größeren Abschnitte dieses Werkes behandelt hat, oder in περὶ τῶν νομοθετῶν, worin er natürlich nach anderen Gesichtspunkten als in jenem von Solon spricht. Denn in jener Schrift wird von Solon als einem der sieben Weisen gehandelt, in dieser konnte er als solcher vorausgesetzt werden und wird sich ihr Inhalt hauptsächlich auf die solonische Gesetzgebung bezogen haben, wodurch aber eine biographische Darstellung des Gesetzgebers, Mittheilungen der Gesetze und Sitten jener Zeit nicht ausgeschlossen werden, wie sich aus Athen. XIII. p. 555. ergiebt. Dies ist um so glaublicher als Hermippus die Eigenschaft mit den Peripatetikern theilt, sich gerne Digressionen, die nicht streng zur Sache gehören, zu gestatten, um Beweise von Gelehrsamkeit und Belesenheit zu geben.[**]) — Hermippus ist nicht nur von Plutarch, sondern auch von anderen Schriftstellern wie von Diogenes von Laerte, Sosikrates, Favorinus und Apollodorus häufig zu Rathe gezogen worden und wie es scheint, haben ihn noch andere nicht selten benutzt. Läßt sich schon daraus schließen, daß er im Alterthum in nicht unbedeutendem Ansehen stand, so wird dies auch noch ausdrücklich bezeugt von Dionysius von Halikarnaß und Athenäus, der seine ἀκρίβεια lobt; bei Joseph. c. Apion. I. 22. wird er als ἀνὴρ περὶ πᾶσαν ἱστορίαν ἐπιμελής gerühmt. Auf diesen Urtheilen basiren die von Späteren dem Hermippus ausgestellten günstigen Zeugnisse: So hebt Brucker (Hist. crit. phil. Vol. I. p. 622.) seine Verdienste um die Geschichte der Philosophie hervor; Jonsius (lib. II. c. 9. §. 3.) sagt von ihm: „Quantum profuturus nostrae historiae fuisset Hermippus quantaque ea utilissimi scriptoris iactura sit, nemini ignotum esse potest, qui et fidem et diligentiam huius auctoris consideraverit." Nicht weniger sparsam ist mit seinen Lobeserhebungen Humfr. Hodius in Dissert. c. hist. Arist. c. III. So übertrieben dies dem Hermippus gespendete Lob ist, so hart sind auf der anderen Seite die Urtheile, welche Meiners in seiner Gesch. b. Urspr. I. p. 288. und Luzac in seinen Lectt. att. über ihn gefällt haben. Hermippus war ohne Zweifel durch vielseitige Studien und ausgedehnte Gelehrsamkeit bedeutend, aber daneben finden sich bei ihm in ihrem

---

**) Vgl. Hieronym. praef. de script. eccles.

ganzen Umfange die Fehler der polymathischen Schule des ptolemäischen Zeitalters: Kritiklosigkeit, Oberflächlichkeit, Leichtgläubigkeit und die damit zusammenhängende Vorliebe für Anekdoten,[17]) so daß man bei ihm auf Widersprüche, Inconsequenzen, romanhafte Uebertreibungen und offenbar falsche Angaben stößt; doch steht es dahin, ob er aus Absicht, Nachlässigkeit und Oberflächlichkeit gefehlt oder ob die an ihm gerügten Fehler nicht vielmehr denen zuzumessen sind, die ihn benutzt haben.

Von anderen Schriftstellern, von denen Plutarch auf das Privatleben des Solon bezügliche Notizen entnommen hat, ist noch zu nennen Didymus, ein berühmter alexandrinischer Grammatiker und Zeitgenosse des Cicero. Plutarch gedenkt Vit. Sol. 1. einer Streitschrift von ihm gegen Asklepiades περὶ τῶν ἀξόνων τῶν Σόλωνος, in welcher Didymus eine Stelle aus einem gewissen Philokles anführt, in der als Vater des Solon Euphorion genannt wird, eine Mittheilung, die Plutarch als mit den gewöhnlichen Ueberlieferungen in Widerspruch stehend verwirft. Ueber Philokles ist nichts bekannt; ob Asklepiades, wie Westermann in seiner Ausgabe der Lebensbeschreibung des Solon zu der Stelle bemerkt, der von Myrlea war, mag dahin gestellt bleiben. (Vgl. Voss. p. 158. sq.)

Vit. Sol. c. 9. wird ein Orakel, welches der Gott zu Delphi dem Solon gab, erwähnt: „Versöhne mit Opfern die Fürsten des Landes, die heimischen Heroen, welche der Schooß der Asopischen Erde birgt, die im Tode nach der untergehenden Sonne hinblicken" und c. 14. der dem Solon gewordene delphische Spruch: „Setze dich mitten ins Schiff und verrichte des Steuermanns Arbeit; viele Athener stehen dir hülfreich zur Seite." Bei welchem Autor Plutarch diese Sprüche und über die c. 11. genannten τὰ Δελφῶν ὑπομνήματα eine Nachricht gefunden hat, darüber kann keine Auskunft gegeben werden. — Die hierher gehörige Stelle aus den Redner Aeschines, welche Plutarch eingesehen hat, findet sich Orat. c. Ctes. §. 108: „Οἱ Ἀμφικτύονες ἐψηφίσαντο Σόλωνος εἰπόντος Ἀθηναίου τὴν γνώμην... ἐπιστρατεύειν ἐπὶ τοὺς ἐναγεῖς κατὰ τὴν μαντείαν τοῦ θεοῦ."

Ueber den Vit. Sol. c. 10. erwähnten megarischen Schriftsteller Hereas, welcher behauptet, daß die Megarer ihre Todten mit den Häuptern gegen Abend legten, bei den Athenern jeder Einzelne sein Grab habe, bei den Megarern sie zu dreien und vieren in einem lägen, ist nichts näheres bekannt. Denselben Schriftsteller erwähnt Plutarch Vit. Thes. 20. 32. und er gehört gewiß auch zu den ebendaselbst c. 10. genannten οἱ Μεγαρόθεν συγγραφεῖς.

In Vit. Sol. c. 17. gedenkt Plutarch eines Ausspruches des Demades, daß die Gesetze des Drakon nicht mit Tinte sondern mit Blut geschrieben seien. Demades, ein Athener von niedriger Herkunft — nach Suidas war er früher ein Schiffer — schwang sich durch sein rednerisches Talent zu hohem Ansehen empor; nach Suidas schrieb er ἀπολογισμὸς πρὸς Ὀλυμπιάδα τῆς ἑαυτοῦ δωδεκαετίας und ἱστορία περὶ Δῆλον καὶ τῆς γενέσεως τῶν Λητοῦς παίδων. Seine schriftstellerische Thätigkeit und Bedeutung ist auf jeden Fall gering, da ihm mehr das αὐτοσχεδιάζειν

---

[17]) Vgl. Plut. Vit. Lyc. 5. 23. Alex. 53. Demosth. 5. 11. 28. 90. — Die Vit. Demosth. c. 5. erzählte Anekdote, wie Demosthenes zur Wahl des Rednerberufes angefeuert worden sei, stammt zweifellos aus Hermippus, da Aul. Gell. Noct. att. III. 13. fast dasselbe mit Nennung des Namens von Hermippus erzählt.

zukommt und höchstens einige witzige Bemerkungen von ihm der Aufzeichnung werth waren, zu denen auch die erwähnte zu zählen ist. Nach Cic. Brut. 9. und Quinct. II. 17, 13. XII. 10, 49 soll er nichts schriftliches hinterlassen haben, doch findet sich ein Fragment bei dem Rhetor in Notices et Extr. Tom. XIV. p. 201.

Im Vorstehenden sind, so weit es möglich war, diejenigen Quellen namhaft gemacht worden, welche Plutarch zur Schilderung des Lebens und Charakters von Solon benutzt hat; es war aber dem Biographen nicht möglich, die andere Seite dieses großen Atheners unberücksichtigt zu lassen, er mußte dessen Thätigkeit als Staatsmann und Gesetzgeber wenigstens den Hauptzügen nach zur Darstellung bringen. Die wichtigste Quelle, welche Plutarch hierzu zu Rathe ziehen konnte, war der Theil von den Politien des Aristoteles, der die Staatsverfassung der Athener behandelte. Plutarch nennt nur an drei Stellen der Biographie des Solon den Aristoteles als seinen Gewährsmann. Nach c. 11. soll er in dem Verzeichniß der Pythioniken dem Solon den Antrag, die Amphiktyonen möchten den Kirrhäern den Krieg wegen ihrer Versündigungen an dem Orakelsitz zu Delphi erklären, zugeschrieben haben. Diog. Laert. V, 26 erwähnt diese Verzeichnisse unter dem Namen Πυθιονικῶν ἔλεγχος. Müller in fragm. hist. graec. II. 184 führt es als das siebente unter den historischen Werken des Aristoteles auf und giebt die drei daraus erhaltenen Fragmente. c. 25 sagt Plutarch, daß nach Aristoteles die hölzernen Gesetzestafeln κύρβεις genannt worden seien. Die zu Eingang dieses Kapitels stehenden Worte „Ἰσχὺν δὲ τοῖς νόμοις πᾶσιν εἰς ἑκατὸν ἐνιαυτοὺς ἔδωκε · καὶ κατεγράφησαν εἰς ξυλίνους ἄξονας ἐν πλαισίοις περιέχουσι στρεφομένους · καὶ προσηγορεύθησαν κύρβεις" sind, wie sich aus Müller fragm. hist. graec. ergiebt, den Politien des Aristoteles entnommen, ebenso die weiter unten folgenden „Ἔνιοι δέ φασιν ἰδίως ἐν οἷς ἱερὰ καὶ θυσίαι περιέχονται κύρβεις, ἄξονας δὲ τοὺς ἄλλους ὠνομάσθαι." Die c. 32 von Plutarch angezogene Fabel, daß man Solon's Asche, nachdem er verbrannt worden, auf der Insel Salamis zerstreut habe, mag Plutarch, wie Müller fragm. hist. graec. II. 110. annimmt, wohl auch in den Politien des Aristoteles gelesen haben. Daß Aristoteles außer an den bezeichneten Stellen bei der Darstellung der athenischen Verfassung und Gesetzgebung für Plutarch wenn auch nicht die einzige doch die Hauptquelle war, läßt sich mit ziemlicher Sicherheit nachweisen. An drei Stellen der Biographie c. 19. 23. 24. erwähnt Plutarch die Gesetzestafeln, nennt sogar die numerirten Tafeln und Gesetze und giebt den Wortlaut der Gesetze an. Daraus muß man auf eine genaue Bekanntschaft mit denselben schließen; durch Autopsie hat er sich diese nicht erworben, da er c. 25 selbst sagt, daß zu seiner Zeit nur noch geringe Ueberreste von den hölzernen Tafeln im Prytaneum aufbewahrt worden seien. Zur Zeit des Aristoteles waren sie noch erhalten, da sie Polemo Periegetes noch vollständig sah, wie er selbst bezeugt fragm. lib. c. Eratosth. bei Harpocr. s. v. ἄξων (bei Preller № 48.). Die Angabe Plutarch's nun Vit. Sol. c. 25., daß die Gesetze auf hölzernen Tafeln geschrieben gewesen seien, zeigt auf Aristoteles als Quelle, da er selbst sagt, nach Aristoteles wären sie κύρβεις genannt worden. Daraus folgt, daß Aristoteles über die Gesetzestafeln geschrieben hat; dies wird bestätigt bei Harpocr. s. v. στος: „Ὡς ἐκ ἄλλων μαθεῖν ἐστι καὶ ἐκ τοῦ Σόλωνος αʹ ἄξονος καὶ ἐκ τῆς Ἀριστοτέλους Ἀθηναίων πολιτείας." Dazu kommt, daß man aus der Angabe eines Anonymus bei Menage zu Diog. Laert. den Schluß ziehen kann, daß Aristoteles selbst eine Abschrift der Gesetze gab, wie sie auf den einzelnen ἄξονες vertheilt waren (vgl. Müller fragm. hist. graec. II. p. 109.); diese bildete höchstwahrscheinlich einen Theil seiner Politie der Athener. Da nun Plutarch

3*

nur wenige Ueberreste von den Gesetzestafeln selbst sah und doch eine so genaue Bekanntschaft mit dem Wortlaute der solonischen Gesetze zeigt, so muß er eine Quelle benutzt haben, die wenn auch nicht alle, so doch mehrere Gesetze in wortgetreuer Abschrift enthielt; eine solche kann aber nur in einem Werke eine Stelle finden, welches eine ausführliche und eingehende Behandlung der athenischen Verfassung zum Zweck hatte. Deßhalb liegt die Vermuthung nahe, daß Plutarch seine genauen Angaben über die Gesetze und Verfassung des Solon der Politie des Aristoteles entnommen hat und dies ist um so glaublicher, als Aristoteles bei Plutarch viel Gewicht hatte und oft von ihm benutzt wurde.[38]) — Hinter den Manuscripten von Ael. var. hist. findet sich unter dem Namen des Herakleides Ponticus eine Schrift über Staatsverfassungen, die aber nur ein Auszug aus den Politien des Aristoteles ist.[39]) In derselben findet sich die Angabe (vgl. Müller fragm. hist. graec. II. p. 208.), daß die Seisachthie in Aufhebung der Schulden bestanden habe, wie auch Plutarch Vit. Sol. c. 15. sie τὴν τῶν χρεῶν ἀποκοπήν nennt. Wenn nun Plutarch anderen Schriftstellern gegenüber, wie dem Androtion Vit. Sol. c. 15., die Autorität haben und die athenischen Einrichtungen genau zu erforschen suchten, in der Seisachthie aber nur eine Herabsetzung des Zinsfußes sehen, eine so abweichende Ansicht aufstellt und geltend macht, so muß er einem ganz zuverlässigen Autor gefolgt sein, der nur Aristoteles sein kann. — Die von Plutarch Vit. Sol. c. 18. angeführte Eintheilung der Bürger in vier Klassen stimmt mit der des Aristoteles bei Harpocr. s. v. ἱππάς genau überein; ebenso gleicht die Angabe des Plutarch Vit. Sol. c. 25., daß der Rath insgesammt einen Eid schwur, Solon's Gesetze aufrecht zu halten, einer Stelle aus Aristoteles bei Harpocr. s. v. λίθος. — Das solonische Gesetz, daß der, welcher sich bei ausbrechenden Unruhen zu keiner Partei stelle, mit dem Verluste der bürgerlichen Rechte bestraft werden solle, erwähnt Gell. Noct. att. II. 12 aus dem Aristoteles. (Vgl. Müller fragm. hist. graec. II. p. 109.)[40]) — Das Vit. Sol. c. 24. angeführte Gesetz über die Ausfuhr der Früchte des Landes ist nach Müller's Vermuthung (fragm. hist. graec. II. p 109.) ebenfalls dem Aristoteles entnommen. — Daß die Worte Plutarch's Vit. Sol. c. 25 „Κοινὸν μὲν οὖν ὤμνυεν ὅρκον ἡ βουλή, τοὺς Σόλωνος νόμους ἐμπεδώσειν, ἰδίον δ' ἕκαστος τῶν θεσμοθετῶν ἐν ἀγορᾷ πρὸς τῷ λίθῳ καταφατίζων, εἴ τι παραβαίη τῶν θεσμῶν, ἀνδριάντα χρυσοῦν ἰσομέτρητον ἀναθήσειν Δελφοῖς" dem Aristoteles zur Quelle haben, ergiebt sich aus Harpocr. s. v. λίθος: „Δημοσθένης ἐν τῷ κατὰ Κόνωνος· " Τῶν τε παρόντων καθ᾽ ἕνα ἡμῖν οὑτωσὶ καὶ πρὸς τὸν λίθον ἄγοντες καὶ ἐξορκοῦντες. Ἐοίκασι δ᾽ Ἀθηναῖοι πρός τινι λίθῳ τοὺς ὅρκους ποιεῖσθαι, ὡς Ἀριστοτέλης ἐν τῇ Ἀθηναίων

---

[38]) Außer in der Biographie des Solon wird er genannt Vit. Thes. 3. 16. Lyc. 1. 5. 6. 28. Them. 10. Arist. 27. Cim. 10. Per. 4. 9. 10. 18. 26. 28. Lys. 2.

[39]) Vgl. Coray in seiner Vorrede zu Aristot. Polit. Grashof in Jahn's Jahrb. 1829. Bd. X. Hft. 2. p. 172. Schneidewin in seiner Ausgabe der Fragmente des Herakleides. Göttingen 1847.

[40]) Aul. Gell. Noct. att. II. 12: „In legibus Solonis illis antiquissimis, quae Athenis axibus ligneis incisae sunt quasque latas ab eo Atheniensem, ut sempiternae manerent, poenis et religionibus sanxerunt, legem esse Aristoteles refert scriptam ad hanc sententiam: Si ob discordiam dissensionemque seditio atque discessio populi in duas partes fiet et ob eam causam irritatis animis utrimque arma capientur pugnabiturque, tum qui in eo tempore et eoque casu civilis discordiae non alterutra parte sese adiunxerit, sed solitarius separatusque a communi malo civitatis secesserit, is domo, patria fortunisque omnibus careto, exul extorrisque esto."

πολιτείη καὶ Φιλόχορος ἐν τῷ γ´ ὑποσημαίνουσιν." Daſſelbe findet ſich bei Suidas und Photius — Eine Charakteriſtik der allgemein anerkannten ſchriftſtelleriſchen hohen Bedeutung des Ariſtoteles zu geben, des Mannes, der mit der Schärfe des kalten Verſtandes, einem ſeltenen kritiſchen Fleiß, mit außerordentlicher Polyhiſtorie begabt war und das ganze Gebiet helleniſcher Ideen und Erfahrungen beherrſchte, erſcheint hier nicht nur überflüſſig, ſondern auch zweckloſ.

Neben Ariſtoteles hat Plutarch zur Darſtellung der ſtaatsmänniſchen Thätigkeit des Solon den Androtion benutzt, welcher nach Vit. Sol. 15 in der Seiſachthie nur eine Herabſetzung des Zinsfußes ſah. Androtion von Athen war ein Zeitgenoſſe des Timäus und Philochorus, welche OL. 115—130 lebten; er wurde aus ſeinem Vaterlande verbannt und lebte ſpäter in Megara, wo er eine Ἀτθίς von wenigſtens zwölf Büchern ſchrieb.[41]) Aus welchem Buche Plutarch die angeführte Notiz genommen, iſt nicht nachweisbar. (Vgl. Müller fragm. hist. graec. I. p. LXXXVIII.) Was ſeinen ſchriftſtelleriſchen Werth anlangt, ſo ſpenden ihm Plutarch de exil. tom. II. p. 605 C. und Harpokration großes Lob, indem ſie ihn zu den berühmteſten Autoren zählen; Pauſanias aber und Aelian ziehen ſeine Glaubwürdigkeit in Zweifel, weil er dem widerſpreche, was als durch Ueberlieferung feſtſtehend angenommen werden müſſe.

In Vit. Sol. c. 15 berichtet Plutarch nach einem gewiſſen Polyzelus von Rhodus, daß Solon, nachdem er die Aufhebung der Schulden beſchloſſen habe, durch die Handlungsweiſe des Konon, Klinias und Hipponikus in den ſchlimmen Verdacht gekommen ſei, daß er dabei gewinne anſtatt mit zu verlieren, dieſen Vorwurf aber durch Erlaſſung von fünfzehn Talenten, die er ausſtehen hatte, zu nichte gemacht habe. In welchem Theile ſeiner Schriften dieſe Notiz geſtanden hat, iſt nicht zu ermitteln.

Plutarch erwähnt Vit. Sol. c. 21 die Geſetze ſeiner Vaterſtadt Chaeronea, die über das Ausgehen der Frauen, die Trauer und Feſte ähnliche Verordnungen wie die ſoloniſchen enthalten haben ſollen; ihnen ſei die Beſtimmung angefügt geweſen, daß, wer dagegen handle, von den Gynäkonomen beſtraft werden ſolle. Ueber dieſe Geſetze iſt nichts näheres bekannt.

Dies ſind die von Plutarch ſelbſt für die Biographie des Solon namhaft gemachten Quellen; daß er eine weit größere Zahl von Schriftwerken als die angeführten benutzt hat, ergiebt ſich aus zahlreichen von ihm ſelbſt gemachten Andeutungen; welche dies geweſen ſind, iſt mit Gewißheit nicht nachzuweiſen.

Fragt man nun nach dem Gewinn, den Plutarch aus dem reichen Quellenmaterial, welches ihm zur Benutzung vorlag, gezogen hat, ſo iſt vor allem anzuerkennen, daß auch dieſe Biographie wegen der reichen ihr zu Grunde liegenden Materialienſammlung von Werth iſt, da Plutarch ſich keine Mühe verdrießen ließ, die ungeheuren Vorräthe von Notizen und hiſtoriſchen Hilfsmitteln zu durchforſchen, die drei Jahrhunderte lang zu dichten Maſſen angewachſen waren. Es war ihm kein Weg zu lang oder zu beſchwerlich, der ihn zu neuen Aufſchlüſſen führen konnte; mochten ſich dieſe oft nur auf untergeordnete, äußerliche Einzelheiten im Leben ſeines Helden beziehen. Ihm

---

[41]) Das zwölfte Buch erwähnt Harpocr. s. v. Ἀμφίπολις.

lag eben daran, möglichst allseitig zu sein und alles, das Größte wie das Kleinste, zu sammeln und in sein Buch einzutragen. Dabei trägt er seine unermeßliche Gelehrsamkeit, die Frucht einer bewunderungswürdigen Belesenheit, nirgends prunkend zur Schau und berichtet, welchen Quellen er seine Darstellungen entnommen hat.⁴¹) Jedoch weiß er sich in dem unermeßlichen Stoff, der in einen verworrenen Haufen zusammenfloß und für ihn zu weitläufig war, nicht zurecht zu finden; er erkennt die leitenden Gesichtspunkte nicht und verliert sich entweder in's Detail oder in zersplitterte Forschung. Viele Begebenheiten, von denen er in dieser Biographie berichtet, waren entweder noch in tiefes Dunkel gehüllt oder nach sehr abweichenden und einander widersprechenden Berichten in zweifelhaftem Lichte dargestellt; eine unbefangene Beurtheilung derselben kann ihm ebenso wenig nachgerühmt werden, als eindringende Kritik und zwar schon deßhalb nicht, „weil er zu den Naturen gehört, die ihren Kopf durch ihr Herz bestechen lassen."⁴²) Die Aufrichtigkeit seiner Gesinnung und seine Liebe zur Wahrheit unterliegt nicht dem geringsten Zweifel; er wollte überall das Wahre mittheilen;⁴³) daß er aber aus Unwissenheit habe fehlen können, ist er sich selbst wohl bewußt. Prüfung auseinandergehender Berichte weist er nicht von der Hand, aber er unternimmt sie nicht mit eindringender Schärfe und unparteiischer Sorgfalt; oft berichtet er nur die verschiedenen Ueberlieferungen und schließt sich der ihm zusagenden an, oft stellt er sie auch nur hin, ohne seine eigene Ansicht anzuführen und überläßt die Entscheidung dem Leser. Wenngleich dies immerhin als ein Mangel zu rügen ist, so darf doch zugleich nicht verkannt werden, daß bei der großen Ausdehnung seiner Studien und seiner schriftstellerischen Thätigkeit eine gleichmäßige Tiefe in allen Theilen seiner Forschungen nicht möglich war. „Nusquam enim est, qui ubique est." So erscheint denn Plutarch „mehr als Polyhistor denn als Kritiker, mehr als Geschichtsfreund denn als Geschichtsforscher." Mit diesen Vorwürfen hängen noch andere zusammen, gegen die er sich selbst vertheidigen zu müssen glaubt: es sind dieß die Unvollständigkeit der Erzählung historischer Thatsachen und die Vernachlässigung der Chronologie.⁴⁴) Gegen den ersten Vorwurf vertheidigte er sich in den schon oben behandelten Stellen Vit. Alex. 1. Cim. 2. Nic. 1.; gegen den zweiten weiß er nur schwache Rechtfertigungsgründe anzuführen: So sagt er Vit. Num. 1.: „Τοὺς μὲν οὖν χρόνους ἐξακριβῶσαι χαλεπόν" und Vit. Sol. 27: „Ἐγὼ δὲ λόγον ἔνδοξον οὕτω καὶ τοσούτους μάρτυρας ἔχοντα καὶ, ὃ μεῖζόν ἐστι, πρέποντα τῷ Σόλωνος ἤθει καὶ τῆς ἐκείνου μεγαλοφροσύνης καὶ σοφίας ἄξιον οὔ μοι δοκῶ προήσεσθαι χρονικοῖς τισι λεγομένοις κανόσιν, οἷς μυρίοι διορ-

---

⁴¹) C. F. Hermann a. a. O. p. IV.: „Siquem auctorem Plutarchus nominat, non ostendandi causa facit neque ut fidem narrationi suae apud lectores conciliet, sed ant eorum, quorum veritatem ipse praestare nolit, fontem indicaturus, aut ubi res in controversia posita est, iudicium suum testimonio aliquo confirmaturus; denique in sententiis interspersis, quarum laudem auctori suo relinqui consentaneum sit; in narrando autem, nisi quid ambigui relictum sit, vel verba aliena tamquam sua usurpare non dubitat."

⁴²) „Plutarch, welcher mit schönen Redensarten und einem liebenswürdigen Gemüth die Köpfe vieler Gelehrten durch ihre Herzen bestochen hat." Boeckh. Staatsh. d. Ath. I. p. 294.

⁴³) „Οὐδὲν ἀνθρώπῳ λαβεῖν μεῖζον, οὐ χαρίσασθαι θεῷ σεμνότερον ἀληθείας" de Isid. et Osir. c. 1. und an einer anderen Stelle: „Θεῖον ἡ ἀλήθεια καὶ πάντων μὲν ἀγαθῶν θεοῖς, πάντων δ' ἀνθρώποις ἀρχή."

⁴⁴) Hieher gehört Vit. Sol. 27, obgleich Westermann zur Rettung viele chronologische Combinationen aufgewendet hat. Aehnliche chronologische Verstöße macht sich Plutarch schuldig Vit. Philop. 17. Pyrrh. 21. Cat. 41. Cic. 43. Per. 18—22. Agid. 10. Fab. 14. comp. Thes. c. Rom. 6. comp. Lyc. c. Num. 3. Lyc. 29. Ages. 31.

ϑοῦντες ἄχρι σήμερον εἰς οὐδὲν αὐτοῖς ὁμολογούμενον δύνανται καταστῆσαι τὰς ἀντιλογίας." *⁶)
Was die vielen eingestreuten Charakterzüge und Anekdoten anlangt, so ist es wahr, was Plutarch selbst sagt (Vit. Alex. 1.), daß ein einzelner Zug, ein unbedeutender Umstand, ein Wort, ein Scherz oft die Erklärung zu den anderen Zügen und Handlungen des Mannes geben, vorausgesetzt, daß solche Charakterzüge geschickt ausgewählt und beglaubigt sind. Daß aber dem Plutarch eine solche Wahl immer geglückt sei, wird schwerlich Jemand behaupten mögen, ja man darf die eingeflochtenen Anekdoten und wörtlichen Aeußerungen, die Plutarch dem und jenem in den Mund legt, erst wohl dann für glaubhaft ansehen, wenn ihre Authenticität entweder durch innere Wahrscheinlichkeit oder durch andere Gewährschaft constatirt ist, wie man überhaupt Berichte von ihm, die nicht in Zeugnissen anderer Bestätigung finden, nicht ohne Mißtrauen hinnehmen darf. Freilich traten dem Plutarch für Mittheilungen dieser Art mannigfache Hindernisse entgegen, da er, um den oben dargestellten Zweck seiner Biographien zu erreichen, Züge, die zur Darstellung des Privatlebens bienten, bei glaubwürdigen Autoren wenige oder gar keine fand und sich deßhalb an solche Schriftsteller wenden mußte, deren Autorität eine zweifelhafte war, die ein Geschäft daraus machten, Unverbürgtes und kleinliche Klatschereien zu berichten. Ferner ist nicht in Abrede zu stellen, daß man in dieser Biographie nicht alles das findet, was man nach der Menge und der Beschaffenheit der ihm zu Gebote stehenden Hülfsmittel zu erwarten berechtigt war; es ist dies eine nothwendige Folge seiner bestimmt hervortretenden Schwäche der allzugroßen Bewunderung und Vorliebe für seine Helben und der hieraus hervorgehenden Einseitigkeit seines moralischen Standpunktes, die ihm nicht gestattete, die Größe und Bedeutung des Solon vollständig zu begreifen und deffen inneren Gehalt in scharfer Charakteristik anzudeuten. Sein Auge war nicht geschärft durch Beobachtung; ihm ging das psychologische Verständniß eines der edelsten und reinsten Menschen des hellenischen Alterthums ab; der große Staatsmann stand ihm zu fern und zu hoch, um eine treffende Zeichnung der Persönlichkeit geben und überall die besonderen Eigenthümlichkeiten klar hervortreten lassen zu können. Deßhalb vermißt man geistvolles Verständniß in dieser Biographie, die in unvollständige und theilweise unsichere Berichte zerstückt nicht eine organische Arbeit ist, sondern die bösen Außenseiten des Mechanismus und Sammelfleißes an sich trägt; in ihr wird der Stoff nicht durch ein geistiges Princip beherrscht und geordnet, in ihr wird das Aufsteigen von konkreten Besonderheiten zur Anschauung eines geistigen Ganzen nicht sichtbar. So theilt denn auch diese Biographie mit den Vorzügen die Mängel der übrigen: Ist sie einestheils ausgezeichnet durch den Reichthum an Charakterzügen, durch Wärme und liebevolle Bewunderung, mit welcher das Individuum umfaßt wird, so tritt auf der andern Seite das Interesse für das rein Menschliche allzu überwiegend vor dem für die Beziehungen des Individuums zum Staat hervor: Das Princip der Biographie ist nicht Politik und praktische Weltklugheit, sondern Moral, so daß diese Art der Geschichtschreibung nur als angewandte, durch Beispiele erläuterte Philosophie der Sitten erscheint. Dadurch läßt sich Plutarch verführen, da er für Darstellung der Privatverhältnisse aus bewährten Schriftstellern keine Nachrichten gewinnen kann, sich zweifelhaften Quellen zuzuwenden, deren Benutzung ihm für die meisten Biographien nicht unverdienten Tadel in Bezug auf die Unzulänglichkeit seiner Chronologie und Kritik zugezogen hat. Hätte auch Plutarch aus dem Reichthum

---

*⁶) „Man darf den Plutarch nur ein wenig kennen, um zu wissen, daß ihm sein Gedächtniß mehr als einen üblen Streich gespielt hat." Lessing.

seiner Quellen eine vollere und innerlich besser zusammenhängende Darstellung geben können, so sind doch seine Biographien, wenn sie auch nicht von höheren Gesichtspunkten getragen werden, immerhin bedeutend durch überlegten Fleiß und praktischen Blick in Ueberwältigung der Massen und können mit Recht angesehen werden als „das ehrenvollste Denkmal des ersten Jahrhunderts und seines belesensten Mannes."

O. Keller.

Schulnachrichten.

Ueberficht des Lehrplans vom Schuljahre 1866/67.

I. Realschule und Progymnasium.

Prima. Kursus: zweijährig. Ordinarius: Prof. Dr. **Reimann**.

Religion: Erklärung des Römerbriefs und des Briefs des Jakobus; Glaubens- und Sittenlehre nach Luthers Katechismus von Dr. Weidemann. 2 Stunden. Der Rektor.

Deutsche Sprache: Erklärung von Goethes Hermann und Dorothea und von Lessings Minna von Barnhelm; Abriß der deutschen Nationalliteratur; Grundzüge der Poetik und Metrik, sowie der Stillehre; Repetition der Grammatik; Aufsätze betrachtenden Inhalts; Deklamations- und Redeübungen. 4 St. Der Rektor.

Französische Sprache: Gelesen wurde Alexandre Dumas, Histoire de Napoléon, zweite Hälfte, theils statarisch, theils kursorisch. Außerdem lasen die Schüler privatim aus Herrmann und Büchner, Hausbuch zc., die Stücke von Daru, Cuvier, Cottin, Dumas, Jouy, Bignon, Lacretelle, Nodier, Sismondi, Michaud und wurden darüber monatlich examinirt. Wöchentliche Exercitia aus Gruners Musterstücken, Abth. III.; Extemporalien. Memoriren französischer Gedichte. Sprechübungen, vorzugsweise im Anschluß an die Lektüre. Eingehendere Behandlung einzelner Punkte und allgemeine Repetition der Grammatik, zum Theil in französischer Sprache, mit Zugrundelegung von Hungers Schulgrammatik der französischen Sprache (Saalfeld bei C. Riese 1865). 4 St. Dr. Hunger.

Englische Sprache: Aus Washington Irving's Alhambra wurden mehrere Schilderungen und Erzählungen gelesen und mit Sprechübungen verbunden; außerdem lasen die Schüler privatim desselben Verfassers Columbus, Chapt. XXXIII. bis zu Ende und Chapt. I—VI und wurden darüber monatlich examinirt. Wöchentliche Exercitia (dieselben Stücke wie im Französischen). Extemporalien. Sprechübungen. Memoriren englischer Gedichte. Eingehendere Behandlung einzelner Punkte und allgemeine Repetition der Grammatik, zum Theil in englischer Sprache. 3 St. Dr. Hunger.

Lateinische Sprache: Caesar de bello Gallico, lib. V et VI. Wöchentliche Exercitien aus Kühners Anleitung, Abth. II. Extemporalien. Eingehendere Behandlung einzelner Punkte der Grammatik nach Kühners Schulgrammatik und allgemeine Repetition derselben. 3 St. Dr. Hunger.

Mathematik: 1) Geometrie: Vollständiger Kursus der Stereometrie. 2) Arithmetik: Allgemeine Theorie der Gleichungen; die unbestimmten Gleichungen insbesondere. Kettenbrüche. Zahlenlehre. Zahlreiche Aufgaben. 4 St. Dr. Hunger. 3) Meßübungen während des Sommers, mit Kette und Stäben, Meßtisch, Theodolit und Nivellirinstrument, bis zur Aufnahme zusammenhängender Pläne. Dr. Hunger.

Naturlehre: 1) Physik: Der mechanische Theil mit mathematischer Begründung. Das Wichtigste aus der Akustik. 2 St. Dr. Reimann. 2) Chemie: Organische Chemie. 2 St. Außerdem wöchentlich in 2 Stunden praktische Arbeiten im Laboratorium. Dr. Reimann.

Naturgeschichte: Im Sommer Botanik mit Exkursionen. Im Winter Mineralogie. 2 St. Rottenbach.

Geographie: Mathematische Geographie. Politische Geographie von Europa. 2 St. Dr. Reimann.

Geschichte: Thüringische und sächsische Geschichte. Neuere Geschichte bis zum Ende des siebenjährigen Krieges. Uebungen im Wiedererzählen, Repetitionen. 2 St. Keller.

Zeichnen: Freies Handzeichnen nach Vorlagen und Gypsmodellen; Projektions- und Schattenkonstruktionslehre. 4 St. Hermann.

Singen: Choräle und vierstimmige Lieder. 2 St. Franke.

Sekunda. Kursus: zweijährig. Ordinarius: Prof. Dr. Hunger.

Religion: Kombinirt mit Prima.

Deutsche Sprache: Erklärung einzelner Gedichte aus Echtermeyer, zuletzt von Schillers Tell; Grammatik: Satzlehre und Repetition der Wortlehre. Aufsätze erst beschreibenden dann auch betrachtenden Inhalts. Freie Vorträge meist geschichtlichen Inhalts. Deklamationsübungen. 4 St. (Der Rektor). Unger.

Französische Sprache: 1) Lektüre, gemeinschaftlich für beide Abtheilungen der Klasse: Rollin, histoire d'Alexandre le Grand, Ch. XI — XX (Göbels Bibliothek, Band XXV) mit Sprechübungen im Anschluß an die Lektüre. 2 St. Dr. Hunger. 2) Grammatik nach Hungers Lehrbuch und stilistische Uebungen in getrennten Abtheilungen. Wöchentliche Exercitien aus Gruners Musterstücken, Abth. I. und II. Extemporalien. Memoriren französischer Gedichte. In der zweiten Abtheilung wurde vorzugsweise Befestigung in der Formenlehre, in der ersten in der Syntax erstrebt. Beide Abtheilungen wöchentlich je 2 Stunden. Dr. Hunger.

Englische Sprache: 1) Erste Abtheilung: Lektüre: Washington Irving's Columbus. Chapt. VII — XI, mit Sprechübungen. Grammatik nach Fölsing, II. Kursus; wöchentliche Exercitien aus Gruners Musterstücken (dieselben Stücke, die ins Französische übersetzt wurden). Memoriren englischer Gedichte. 3 St. Dr. Hunger. 2) Zweite Abtheilung: Die Elemente nach Fölsings I. Kursus; zuletzt W. Irving's Columbus, Chapt. I. Wöchentliche Exercitien aus Fölsing, zuletzt aus Gruner. Memoriren von Gedichten. 2 St. Dr. Hunger.

Lateinische Sprache: Grammatik: Satzlehre nach Kühners Vorschule. Wöchentliche Exercitien nach Fritzsche. Zuletzt zur Repetition der Grammatik Extemporalien. Gelesen im Cornelius Nepos: Aristides, Pausanias, Cimon, Lysander, Thrasybulus, Conon, Iphicrates, Chabrias, Timotheus, Datames. Epaminondas. 3 St. (Dr. Grobe). Unger.

Mathematik: 1) Geometrie: Erste Abtheilung: Erweiterung der Planimetrie. Kreisrechnung; Elemente der neueren Geometrie; Aufgaben. 2 St. Zweite Abtheilung: Proportionslehre; Aehnlichkeit der Figuren; Linien und Winkel am Kreis; Flächeninhalt der gradlinigen Figuren; geometrische Aufgaben. 2 St. 2) Arithmetik: Erste Abtheilung: Gleichungen ersten Grades mit mehreren Unbekannten; Lehre von den Potenzen und Wurzeln; Gleichungen zweiten Grades; Logarithmen. 2 St. Zweite Abtheilung: Buchstabenrechnung; Gleichungen ersten Grades mit einer Unbekannten; Quadrat- und Kubikwurzeln. 2 St. 3) Kaufmännisches Rechnen: Zweite Abtheilung: Gesellschafts-, Ketten-, Mischungs-, Zins-, Rabatt-, Diskont-, Termin- und Münzrechnung. 2 St. Rottenbach.

Naturlehre: 1) Physik: Erste Abtheilung: Repetition der allgemeinen Eigenschaften der Körper. Die Grundlehren der Mechanik mit mathematischer Begründung, soweit es der Standpunkt der Klasse gestattete. 2 St. Dr. Reimann. Zweite Abtheilung: Lehre vom Licht, von der Wärme, vom Magnetismus und von der Elektrizität nach Brettners Leitfaden. 2 St. Rottenbach. 2) Chemie: Erste Abtheilung: Die Nichtmetalle und ihre wichtigsten unorganischen Verbindungen, nach Reimann, Grundriß der Chemie. Die Elemente der Stöchiometrie. 2 St. Dr. Reimann.

Naturgeschichte: Im Sommer Botanik mit Exkursionen. Im Winter Zoologie. 2 St. Rottenbach.

Geographie: Physikalische Geographie der außereuropäischen Länder und politische Geographie von Amerika und Australien. 2 St. Dr. Reimann.

Geschichte: Alte Geschichte. 2 St. Dr. Grobe.

Zeichnen: Freies Handzeichnen nach Vorlegeblättern völlig ausgeführter Körpertheile und Ornamente; Modellzeichnen; architektonisches Zeichnen und Planzeichnen. 4 St. Hermann.

Singen: Kombinirt mit Prima.

Tertia. Kursus: einjährig. Ordinarius: **Keller.**

Religion: Erklärung der Perikopen behufs der Verdeutlichung der Gründung und Ausbreitung der Kirche; Glaubens- und Sittenlehre nach Luthers Katechismus von Dr. Weitemann. 2 St. Der Rektor.

Deutsche Sprache: Erklärung ausgewählter Gedichte aus Echtermeyer. Uebungen im Erzählen und Deklamiren. Aufsätze erzählenden und beschreibenden Inhalts. Grammatik: Repetition der Formenlehre, Syntax. 4 St. Keller.

Französische Sprache: Formenlehre mit Einschluß der unregelmäßigen Verba; leichtere syntaktische Regeln. Lektüre ausgewählter Abschnitte aus Seinecke. Memoriren von Vokabeln. Exercitien und Extemporalien. 4 St. Keller.

Lateinische Sprache: Grammatik nach Kühners Vorschule; wöchentliche Exercitien aus derselben. Gelesen im lateinischen Lesebuch aus Herodot, S. 1—57. 5 St. (Keller). Unger.

Mathematik: 1) Geometrie: Planimetrie bis zum Pythagoräischen Lehrsatz. 2 St. (Rottenbach). Unger. 2) Rechnen: Wiederholung des Kursus der Quarta und Begründung desselben durch allgemeine Gesetze; vollständige Behandlung aller Rechnungsarten. Uebung im Kopfrechnen. 4 St. Lindner.

Naturlehre: Physik: Allgemeine Eigenschaften der Körper; vom Hebel; Rolle; einige Maschinentheile; einiges über Flüssigkeiten und von der Luft; das Wichtigste vom Magnetismus und von der Elektrizität; das Thermometer. 1 St. Rottenbach.

Naturgeschichte: Im Sommer Botanik mit Exkursionen. Im Winter Mineralogie. 2 St. Rottenbach.

Geographie: Vorbegriffe aus der mathematischen Geographie. Politische Geographie der alten Welt. 2 St. Dr. Reimann.

Geschichte: Deutsche Geschichte. 2 St. Dr. Grobe.

Zeichnen: Freies Handzeichnen nach Vorlegeblättern; Modellzeichnen, ohne Rücksicht auf Beleuchtung. 4 St. Hermann.

Schreiben: Nach Vorschriften; Uebung im Schnellschreiben; Taktschreiben. 2 St. Lindner.

Singen: Kombinirt mit Sekunda.

Quarta. Kursus: einjährig. Ordinarius: Dr. Grobe.

Religion: Abriß der Bibelkunde; Festlehre; Glaubens- und Sittenlehre nach Luthers Katechismus von Dr. Weldemann. 2 St. Der Rektor.

Deutsche Sprache: Elemente der Grammatik nach Spieß. Lektüre und Erklärung ausgewählter Stücke aus dem thüringischen Kinderfreund und einiger leichteren Gedichte aus Echtermeyer; Wiedererzählen und Deklamiren derselben. Diktate, verbunden mit Uebungen in der Orthographie und Interpunktion. Wöchentliche Aufsätze erzählenden Inhalts. 4 St. Dr. Grobe.

Französische Sprache: Formenlehre bis zum unregelmäßigen Verb. Lektüre leichterer Abschnitte aus Seinecke. Exercitien und Extemporalien. Memoriren von Vokabeln. 4 St. Keller.

Lateinische Sprache: Formenlehre nach Henneberger, Elementarbuch. Einübung der leichtesten syntaktischen Regeln. Der hierher gehörige Uebungsstoff aus Henneberger wurde übersetzt und analysirt, sowie Weller, Herodoteisches Lesebuch, I — VII. Wöchentliche Exercitien, mündliche und schriftliche Extemporalien, Versionen und Reversionen. 6 St. Dr. Grobe.

Rechnen: Die vier Species in gebrochenen Zahlen; Verhältnisse, Proportionen, einfache und zusammengesetzte Regeldetri und Gesellschaftsrechnung; Uebung im Kopfrechnen. 4 St. Lindner.

Naturgeschichte: Im Sommer Beschreibung einzelner Pflanzen und Vergleichung derselben; wöchentliche Exkursionen. Im Winter Beschreibung von Thieren aus allen Klassen der Rückgrat- und Ringelthiere. 2 St. Rottenbach.

Geographie: Uebersicht über die Kontinente, Inseln und Meere. Beschreibung der wichtigsten Staaten aller Erdtheile. 2 St. Dr. Reimann.

Geschichte: Uebersicht über die alte, insbesondere griechische und römische Geschichte nach Stüve, Leitfaden. 2 St. Der Rektor.

Zeichnen: Fortgesetzte Uebung im Zeichnen nichtschattirter und zum größeren Theil ausschattirter Körpertheile, Ornamente u. s. w. 2 St. Hermann.

Schreiben: Nach Vorschriften an der Wandtafel; Tactschreiben. 3 St. Lindner.

Singen: Kennenlernen der Noten, Treffübungen, dynamische und rhythmische Uebungen, Choräle, ein- und zweistimmige Lieder. 2 St. Franke.

Quinta. Kursus: einjährig. Ordinarius: Lindner.

Religion: Biblische Geschichte des A. und N. Testaments; die drei ersten Hauptstücke memorirt und ihrem Wortlaute nach erklärt. Memoriren von Gesangbuchsliedern und Bibelsprüchen aus Luthers Katechismus von Dr. Weidemann. 3 St. Lindner.

Deutsche Sprache: Erklärung der leichteren Lesestücke im Thüringischen Kinderfreund, II. Elemente der Formen- und Satzlehre; wöchentliche Aufsätze erzählenden und beschreibenden Inhalts; Uebung im mündlichen Wiedererzählen; Dellamiren. 5 St. Lindner.

Lateinische Sprache: Formenlehre bis zu den vier Konjugationen inkl. nach Henneberger, Elementarbuch. Wöchentliche Exercitien; mündliche und schriftliche Extemporalien. 6 St. Dr. Grobe.

Rechnen: Die vier Species in unbenannten und benannten Zahlen; einfache Brüche im Kopfe und schriftlich. 5 St. Lindner.

Naturgeschichte: Kombinirt mit Quarta.

Geographie: Anfangsgründe; Beschreibung der Erdoberfläche, namentlich Europas, mit besonderer Berücksichtigung Deutschlands. 2 St. (Dr. Reimann). Unger.

Geschichte: Erzählungen aus der griechischen und römischen Heroengeschichte; Hauptdata der alten Geschichte. 2 St. Der Rektor.

Zeichnen: Die ersten Elemente nach der Wandtafel und Vorlegeblättern. 2 St. Hermann.

Schreiben: Kombinirt mit Quarta.

Singen: Kombinirt mit Quarta.

Progymnasialunterricht.*)

Lateinische Sprache: Repetition der Formenlehre; Syntax nach Kühners Schulgrammatik; Exercitien und Extemporalien. Lektüre von zwölf Lebensbeschreibungen des Nepos und der vier ersten Bücher von Cæs. bell. gall. 5 St. Keller. Lektüre aus Weller, Herodoteisches Lesebuch, X—XX; Weller, livianisches Lesebuch, I—VIII; Phædr. fab. I—IV nach der Auswahl von Siebelis. Die Hauptlehren der Prosodie und Metrik. 4 St. Dr. Grobe.

Griechische Sprache: Formenlehre bis zu den unregelmäßigen Verben inkl.; Lektüre des Uebungsbuches von Spieß, pag. 1—96. Exercitien und Extemporalien. 4 St. Keller.

In Religion, deutscher Sprache, französischer Sprache, Mathematik, Geographie, Geschichte, Zeichnen und Singen ist diese I. Klasse des Progymnasiums kom-

---

*) Derselbe hat einen zweijährigen Kursus und ist so geordnet, daß die vollständige Absolvirung dieses Kursus die Schüler zum Eintritt in die Tertia der Landesgymnasien befähigt.

binirt mit Sekunda der Realschule. Die unteren Klassen des Progymnasiums sind in allen Lektionen kombinirt mit den entsprechenden Klassen der Realschule.

Turnunterricht.

Militärische Vorübungen, Freiübungen, Ordnungs- und Geräthsübungen. Während der Badezeit Schwimmübungen. 5 St. Franke.

II. Vereinigte Städtische Schulen.

I. Knabenklasse. Kursus: zweijährig. Ordinarius: **Kühner.**

Religion: Erklärung der drei ersten Hauptstücke nach Dr. Weidemanns Katechismus, verbunden mit Memoriren von Bibelsprüchen, Psalmen und Kirchenliedern. Lesen und Erzählen der im Katechismus angezogenen biblischen Geschichten und Lehrabschnitte. Uebersicht der jüdischen Geschichte, der Geographie von Palästina, der Festlehre und der christlichen Kirchengeschichte. 5 St.

Deutsche Sprache: Erklärung der Lesestücke des Thüringer Kinderfreundes, II. mit Uebungen im Lesen, Sprechen und Recitiren. Wort- und Satzlehre. Orthographische Uebungen. Aufsätze erzählenden und beschreibenden Inhalts, Geschäftsaufsätze. 6 St.

Mathematik: 1) Geometrie: Planimetrie bis zum pythagoräischen Lehrsatze inkl. nach Dr. Reimann, Elemente der Planimetrie. 2 St. 2) Rechnen: Erste Abtheilung: Regel de tri, Regel de quinque, Gesellschafts-, Mischungs-, Ketten-, Gewinn- und Verlustrechnung. Flächen- und Körperberechnung, Ausziehung der Quadratwurzel. Zweite Abtheilung: Die vier Species in gebrochenen, reinen und benannten Zahlen, Verhältnisse und Proportionen, Regel de tri, Reduktionsübungen, Kopfrechnen. 4. St.

Naturkunde: Im Sommer Botanik (Schwammkunde), im Winter Zoologie (Gliederthiere). 2 St.

Geographie: Spezieller Ueberblick über die fünf Erdtheile; Deutschland; das Wissenswertheste aus der mathematischen Geographie. 2. St. Pröscholdt.

Geschichte: Deutsche Geschichte. 2 St. Pröscholdt.

Zeichnen: Freies Handzeichnen (Blumen, Thiere, menschliche Figuren, Landschaften). 2 St. Schartt.

Schreiben: Deutsche und englische Schrift nach Vorschriften des Lehrers an der Wandtafel. 3 St.

Singen: Dreistimmige Gesänge und Choräle. 2 St.

II. Knabenklasse. Kursus: zweijährig. Ordinarius: Kantor **Pröscholdt.**

Religion: Wiederholung der biblischen Geschichten des Alten und Neuen Testaments; das Wichtigste aus der Bibelkunde; Erklärung und Memoriren der drei ersten Hauptstücke des Katechismus, sowie der vorgeschriebenen Bibelsprüche und Gesangbuchsverse; Festlehre. 4 St.

Deutsche Sprache: Behandlung des Thüringischen Kinderfreundes, II., als: Lesen und Erklären prosaischer und poetischer Stücke und, daran anknüpfend, das Wichtigste aus der Wort- und Satzlehre; Aufsätze (Erzählungen, Beschreibungen und Briefe). 6 St.

Rechnen: Erste Abtheilung: Die vier Species in gebrochenen Zahlen. Zweite Abtheilung: Die vier Species in ungleich benannten Zahlen und Zeitrechnung. 6 St.

Naturkunde: Im Sommer Botanik; im Winter Zoologie und einige Erscheinungen aus der Physik. 2 St.

Geographie: Geographische Vorbegriffe, Beschreibung der Erdoberfläche im Allgemeinen mit besonderer Berücksichtigung Europas, Deutschlands und des Herzogthums Meiningen. 2 St.

Geschichte: Geschichten aus der allgemeinen Weltgeschichte. 2 St.

Zeichnen: Freies Handzeichnen. 2 St. Schartt.

Schreiben: Deutsche und englische Schrift nach Vorschriften des Lehrers an der Wandtafel. 4 St. Kühner.

Singen: Choräle und zweistimmige Lieder. 2 St.

Höhere Töchterschule, I. Klasse. Kursus: zweijährig.
Ordinarius: Morgenroth.

Religion: Katechismuslehre vom zweiten Hauptstück, zweiten Artikel an bis zu Ende; neben der katechetischen Besprechung und Erklärung Memoriren der zu den Hauptstücken passenden Bibelverse, Gesangbuchlieder und Psalmen. Biblische Geschichte des Volkes Israel. Kurze Wiederholung der Reformationsgeschichte mit Hinweisung auf die Haupteigenthümlichkeiten und Differenzen der Konfessionen. 3 St. (Kern. Bulle). Dr. Füßlein.

Deutsche Sprache: Erklärung der schwierigeren Lesestücke aus Thüringer Kinderfreund II., sowie von Gedichten aus Echtermeyer, Auswahl ꝛc., mit besonderer Berücksichtigung der Disposition und Eigenthümlichkeit der poetischen Darstellung. Deklamationsübungen. Lehre vom zusammengesetzten Satz und Periodenbau. Wöchentliche Korrektur schriftlicher Aufsätze. 6 St. Morgenroth.

Französische Sprache: 1) Lektüre: Barbieux, le livre des demoiselles; die Lesestücke Nr. 1—30 wurden gelesen, übersetzt und grammatisch erörtert, die Gedichte zu gleicher Zeit auswendig gelernt. 2) Grammatische und stilistische Uebungen: Die unregelmäßigen Verba wurden vollständig eingeübt, und die wichtigsten Regeln der Formen- und Satzlehre nach Hungers Grammatik durchgenommen. Wöchentliche Exercitia. Zusammen 4 St. Dr. Hunger.

Rechnen: Verhältnisse und Proportionen; einfache und zusammengesetzte Regeldetri; Gesellschafts-, Mischungs- und Kettenrechnung, mündlich und schriftlich. 4 St. Morgenroth.

Naturgeschichte: Im Sommer Botanik: Erweiterung der Pflanzenkenntniß durch fortgesetzte Uebungen im Analysiren, Beschreiben und Vergleichen besonders nützlicher oder schädlicher Pflanzen. Belehrung über Leben, Entwickelung und Bau der Pflanzen. Einführung in das Linné'sche System. Versuche im Selbstbestimmen. — Im Winter Zoologie: Uebersicht des gesammten Thierreichs. Klassificirung nach dem Linné'schen System mit besonderer Berücksichtigung des inneren Baues der höheren Thiere. 2 St. Lange.

Geographie: Elemente der mathematischen Geographie und der physisch-geographischen Raumverhältnisse. Beschreibung der civilisirten Staaten aller Erdtheile, vorzugsweise Europas, mit besonderer Berücksichtigung der Handelsprodukte, Handelsplätze und Handelswege. 2 St. Morgenroth.

Geschichte: Geschichte der Deutschen von Rudolf von Habsburg bis zur neuesten Zeit, mit besonderer Berücksichtigung der wichtigsten Momente aus der allgemeinen Geschichte. 2 St. Morgenroth.

Zeichnen: Freies Handzeichnen: Blumen, Früchte, Köpfe mit Bleistift und Kreide schattirt. 2 St. Hermann.

Schreiben: Nach Vorschriften au der Wandtafel. Abschreiben gedruckter Pensen. Uebung im Schnellschreiben. 4 St. Morgenroth.

Singen: Uebungen nach der Vorschule von B. Widmann. Einübung von Liedern und Chorälen. 2 St. Morgenroth.

Weibliche Arbeiten: Nähen, Zeichnen, Sticken. 4 St. (Stuß) Kembe.

Höhere Töchterschule, II. Klasse. Kursus: zweijährig.
Ordinarius: Morgenroth.

Religion: Katechetische Erklärung des Dekalogs und des ersten Artikels. Memoriren analoger Bibelverse und Gesangbuchslieder. Geschichte des israelitischen Volkes bis zur Theilung des Reiches. 3 St. (Korn. Bulle). Dr. Füßlein.

Deutsche Sprache: Erklärung geeigneter Lesestücke aus Thüring. Kinderfreund, II., als Mittelpunkt des deutschen Unterrichtes. Wiederholung der Laut- und Silbenlehre; Lehre von den Wortarten, der Wortbildung und Wortbiegung; Lehre vom einfachen Satz. Memoriren und Erklären passender poetischer Stücke aus dem Thüring. Kinderfreund und Echtermeyers Sammlung. Wöchentliche Korrektur schriftlicher Aufsätze. 4 St. Morgenroth.

Französische Sprache: Nach Ahns Lehrgange, I. Kurs, wurden mit der zweiten Abtheilung die Elemente bis zu den Hülfsverben einschließlich, mit der ersten Abtheilung die regelmäßigen Konjugationen vollständig mit Einschluß des Gebrauchs der Pronoms conjoints eingeübt, mit der letzteren auch mehrere der dem genannten Buche angehängten Lesestücke gelesen und übersetzt. 4 St. Dr. Hunger.

Rechnen: Erste Abtheilung: Die vier Species in gebrochenen Zahlen. Zweite Abtheilung: Die vier Species in ungleich benannten Zahlen, mündlich und schriftlich. 4 St. Morgenroth.

Naturgeschichte: Im Sommer Botanik: Uebungen im Analysiren, Beschreiben und Vergleichen der wichtigsten Repräsentanten einheimischer Pflanzenfamilien, wobei zugleich das Nöthigste aus der Terminologie angeknüpft wurde. — Im Winter Zoologie: Beschreibung und Vergleichung einheimischer, hinsichtlich ihres Nutzens oder Schadens für den Menschen besonders wichtiger Thiere aus den sechs Klassen des Linnéschen Systems, mit vorzüglicher Berücksichtigung der Wirbelthiere. Mittheilung von Charakteristischem aus dem Leben der Thiere. 2 St. Lange.

Geographie: Erklärung der wichtigsten Vorbegriffe. Betrachtung Europas im Allgemeinen und seiner bedeutendsten Länder im Besondern. Speziellere Behandlung Deutschlands und allgemeine Uebersicht über die übrigen Erdtheile. 2 St. Vorländer.

Geschichte: Erzählungen aus der griechischen und römischen Mythologie und Heroengeschichte. Hauptbegebenheiten aus der Geschichte der Griechen und Römer. 2 St. Vorkäufer.
Zeichnen: Von den ersten Elementen bis zu unschattirten und schattirten Blumen, Früchten und Körpertheilen. 2 St. Hermann.
Schreiben: Kombinirt mit Klasse I.
Singen: Kombinirt mit Klasse I.
Weibliche Arbeiten: Stricken, Häkeln, Nähen. 4 St. (Stuß) Rembe.

I. Mädchenklasse. Kursus: zweijährig. Ordinarius: Müller.

Religion: Erklärung des ersten bis dritten Artikels der Glaubenslehre nach dem Katechismus von Dr. Weidemann. Erklärung des Evangeliums Marci; Memoriren der Hauptstücke nebst Bibelsprüchen und Liedern. Geschichte der christlichen Kirche von den ersten Christengemeinden bis zur Reformation. 6 St.

Deutsche Sprache: Satzlehre. Daran geknüpft die Interpunktionslehre. Besondere orthographische Uebungen. Aufsätze erzählenden und beschreibenden Inhalts, Briefe. Erklärung einiger Schillerschen Gedichte. Deklamationsübungen. 7 St.

Rechnen: Bruchoperationen in ihrer praktischen Anwendung auf Kurz- und Schnell- rechnen. Münzreduktionen. Aufgaben der Regel de quinque, septem u. s. w. nach dem Kettensatze berechnet. Zinsrechnung, Gesellschaftsrechnung, Mischungsrechnung, Berechnung der Louisd'or und Dukaten nach dem Leipziger Prozentkurs. 4 St.

Naturkunde: Erklärung der allgemeinen Körperphänomene. Beziehung der Naturkräfte auf die Verrichtungen des täglichen Lebens im Hause ic. 1 St.

Geographie: Das Nothwendigste aus der mathematischen Geographie. In allgemeiner Uebersicht die ganze Erde mit ihren Haupttheilen und Gewässern. Speziell Geographie von Europa und Deutschland. 2 St.

Geschichte: Uebersichtlich und kurz die ältesten Völker der Erde; sodann spezieller bis auf Karl den Großen. 2 St.

Zeichnen: Nach Vorlegeblättern, Linienzeichnungen, Blätter, Blumen, kleine Landschaften. 2 St.

Schreiben: Nach Vorschriften an der Wandtafel. 2 St. Breul.

Singen: Zwei- und dreistimmige Lieder, leichte Motetten und Chöre. Choräle. 2 St.

Weibliche Arbeiten: Nähen incl. des Zeichnens mit Kreuzstich, des Wäscheübens und Ausbesserns. 4 St. (Stuß) Rembe.

II. Mädchenklasse. Kursus: zweijährig. Ordinarius: Breul.

Religion: Uebersichtliche Wiederholung der biblischen Geschichte A. und N. Testaments das Wichtigste aus der Bibelkunde, verbunden mit Bibellesen; Erklärung des ersten und zweiten Hauptstücks und Memoriren der dazu gehörigen Bibelsprüche und Lieder, Festlehre, angeknüpft an das dritte Gebot; Geschichte der Reformation. 6 St.

Deutsche Sprache: Uebungen zur Erzielung eines fertigen, richtigen und ausdrucksvollen Lesens; eingehende Erklärung einzelner Lesestücke; das Hauptsächlichste aus der Laut-, Silben-, Wort- und Satzlehre; Uebungen zur Entwickelung und Befestigung der wichtigsten orthographischen Regeln; Aufsatzübungen, welche in kurzen Erzählungen und Beschreibungen bestanden. Memoriren und Recitiren passender poetischer Stücke. 6 St.

Rechnen: Wiederholung der vier Species in unbenannten Zahlen; die vier Species in ungleichbenannten Zahlen inkl. der Zeitrechnung; Verübungen zur Bruchrechnung nebst Addition und Subtraktion in gebrochenen Zahlen. 4 St.

Naturkunde: Im Sommerhalbjahr Pflanzenkunde; im Winterhalbjahr das Wissenswertheste aus der Mineralogie und Thierkunde. 1 St.

Geographie: Die Erde als Weltkörper, ihre Gestalt, Größe und ihre Bewegung (Tages- und Jahreszeiten). Oberfläche der Erde, Land und Meer, die fünf Erdtheile, die Oceane. Spezieller Europa mit seinen Grundgebirgen und Hauptströmen. Noch spezieller Deutschland. 2 St. Müller.

Geschichte: Einzelne Bilder aus der Geschichte und den Sitten der alten Völker. 2 St.

Zeichnen: Uebungen in den ersten Elementen bis zur Darstellung unschattirter und einfachschattirter Gegenstände. 2 St.

Schreiben: Uebungen in deutscher und lateinischer Schrift nach Vorschriften an der Wandtafel. 3 St.

Singen: Einübung von 20 vorgeschriebenen Chorälen, Kanons und zweistimmigen Liedern. 2 St.

Weibliche Arbeiten: Stricken, Häkeln. 4 St. (Stuß) Rembe.

I. Parallelelementarklasse. Kursus: zweijährig. Ordinarius: Franke.

Religion: Biblische Geschichten des A. und N. Testaments nach Köhler; die Bibelsprüche des Thüringer Kinderfreundes, I.; Lieberverse und Gedichte religiösen Inhalts; die heiligen zehn Gebote, das Vaterunser, die Glaubensartikel. 4 St.

Deutsche Sprache: Sprechübungen, angeknüpft an Bildertafeln (Winkelmann und Söhne, I.–VI.), an Lesestücke (Thüringer Kinderfreund, I.) und an die zu memorirenden Gedichte; Uebungen im Lesen und Deklamiren; die Wortbildung; Kennenlernen der Wörterklassen; Deklination; der einfache Satz; Rechtschreibeübungen; Anfertigen kleiner Aufsätze nach vorgängiger Besprechung. 9 St.

Rechnen: Unterabtheilung: Addiren, Subtrahiren, Multipliziren (Einübung des Einmaleins) und Dividiren im Zahlenraume 1—100 mit reinen und angewandten Zahlen. Addition und Subtraktion bis 1000 in reinen und angewandten Zahlen mündlich, mit reinen Zahlen schriftlich. Erste Abtheilung: Einübung der vier Species im Kopf- und Tafelrechnen. 4 St. Vorläufer.

Schreiben: Deutsche und lateinische Schrift nach Vorschrift des Lehrers an der Wandtafel. 4 St.

Singen: Elementarübungen; 10 Choräle und einstimmige Lieder nach dem Gehör. 1 St.

II. Parallelelementarklasse. Kursus: zweijährig. Ordinarius: **Franke.**

Religion: Ausgewählte biblische Geschichten; die Bibelsprüche des Thüringischen Kinderfreundes, I., 1 — 42; Liederverse und kleine Gedichte religiösen Inhalts; Gebete. 2 St.

Deutsche Sprache: Anschauungs- und Sprechübungen, angeknüpft an Bildertafeln (Winkelmann & Söhne, I — VI.), an Lesestücke und an zu memorirende Gedichte; Erlernen des Lesens und Schreibens nach der Schreiblesemethode (Schreiblesefibel von Preul) bis zur Fertigkeit im Lesen der deutschen und lateinischen Druckschrift und bis zum Schreiben von Wörtern und Sätzen nach Vorschrift des Lehrers an der Wandtafel; Abschreiben gedruckter Pensen. Einiges aus der Wortbildung; Erkennen und Unterscheiden des Substantivs, des Verbums und des Adjektivs. 10 St.

Rechnen: Zweite Abtheilung: Entwickelung der Zahlen von 1 bis 20 und Bezeichnen durch Ziffern. Uebungen im Zusammenzählen, Abzählen, Vervielfältigen und Theilen innerhalb dieses Zahlenraumes mit reinen und angewandten Zahlen. — Erste Abtheilung: Entwickelung der Zahlen von 21 bis 100 und Bezeichnen durch Ziffern. Zu- und Abzählen mit reinen und angewandten Zahlen im Zahlenraume von 1 bis 100, bis zur Addition und Subtraktion zweistelliger Zahlen. 4 St. Lange.

Schreiben: Einübung der deutschen Buchstabenformen nach Vorschrift des Lehrers an der Wandtafel.

I. Elementarklasse. Kursus: einjährig. Ordinarius: **Lange.**

Religion: Biblische Geschichte des A. und N. Testamentes; die Bibelsprüche des Thür. Kinderfreundes, I.; die zehn Gebote, die Glaubensartikel und das Vaterunser; zehn Gesangbuchslieder und einige Gebete (Morgen-, Abend-, Tisch- und Schulgebete). 4 St.

Deutsche Sprache: Sprechübungen, angeknüpft an die Bilder für den Anschauungsunterricht von Winkelmann und an die Lesestücke des Thür. Kinderfreundes, I.; Lese- und Dellamationsübungen; Wortbildung und Unterscheidung der wichtigsten Wörterklassen; Uebungen in der Orthographie und im Bilden einfacher Sätze; Anfertigung kleiner Aufsätze nach vorgängiger Besprechung. 10 St.

Rechnen: Numeriren. Die vier Species in reinen und angewandten Zahlen, mündlich und schriftlich. 6 St.

Schreiben: Deutsche und englische Schrift nach Vorschriften des Lehrers an der Wandtafel. 4 St.

Singen: Elementarübungen. Einüben leichter Lieder und der vorgeschriebenen zehn Choräle am Ende der Unterrichtsstunden.

II. Elementarklasse. Kursus: einjährig. Ordinarius: **Vorkäufer.**

Religion: 40 biblische Geschichten des A. und N. Testaments. Die zehn Gebote und das Vaterunser ohne Erklärungen. Sprüche aus dem Thür. Kinderfreund, I., Nr. 1 — 52; vier Gesangbuchslieder und mehrere Gebete memorirt. 2 St.

Deutsche Sprache: 1) Lesen: nach Thüringer Kinderfreund, I. Uebung in deutscher und lateinischer Schrift. Besprechen der Lesestücke zur Anbahnung des logischen Lesens. 2) Grammatisches: Stammsilben, Vor- und Nachsilben. Zusammensetzung der Wörter. Grund- und Mitlaute. Artikel, Dingwort, Eigenschafts- und Zeitwort. Einfacher Satz. 3) Orthographische Uebungen: Dehnung und Schärfung der Laute. Silbenabtheilung, Zusammensetzungen von Wörtern. Große Anfangsbuchstaben. Bilden einfacher Sätze. Abschreiben und Diktiren von Lesestücken. 10 St.

Rechnen: Addiren, Subtrahiren, Multiplizieren (Einübung des Einmaleins). Dividiren innerhalb des Zahlenraums von 1—100 mit reinen und angewandten Zahlen. Verständniß der Zahlen bis 1000. Anleitung zum schriftlichen Verfahren beim Addiren und Subtrahiren. 4 St.

Schreiben: Einübung der deutschen Buchstabenformen. 4 St.

Singen: Gehör- und Stimmübungen an Skala und Akkordtönen. Fünf Choräle und mehrere weltliche Melodien zu Liedern des Lesebuches.

III. Elementarklasse. Kursus: einjährig. Ordinarius: **Schwesinger.**

Religion: Fünfzehn der leichtesten biblischen Geschichten des A. Testaments und Geschichten aus dem N. Testamente, enthaltend die Hauptdata aus dem Leben Jesu von seiner Geburt bis zu seiner Himmelfahrt. Gelernt wurden die Bibelsprüche des Thüring. Kinderfreundes, I. Theil, 1—34, die zehn Gebote ohne Erklärung, das Vaterunser, einige Liederverse und Gebete. 2 St.

Deutsche Sprache: Sprechübungen, angeknüpft an den Lesestoff; Memoriren kleiner Gedichte; Uebungen zum Erlernen größerer Fertigkeit im Lesen der deutschen und lateinischen Druckschrift. Analyse von Wörtern mit natürlicher Orthographie; Schreiben derselben; kleine Diktate; Schreiben der Druckschrift aus dem Lesebuch und Schreibübungen nach Vorschrift an der Wandtafel. 12 St.

Rechnen: Alle Operationen von 1—50; Erlernen des Einmaleins bis inkl. 5. Aufbau des Zehnersystems von 1—100 mit Hülfe einer Rechenmaschine. Kopf- und Tafelrechnen sich gegenseitig ergänzend mit Berücksichtigung praktischer Aufgaben. 4 St.

Singen: Treffübungen, Tonleiter C-, G- und D-dur. Taktirübungen, kleine Lieder und fünf leichte Choräle nach dem Gehör am Ende der Stunden.

IV. Elementarklasse. Kursus: einjährig. Ordinarius: **Schwesinger.**

Religion: Weckung und Belebung des religiösen Gefühls durch ausgewählte biblische Geschichten des A. und N. Testaments, sowie durch passende leichtverständliche Bibelsprüche und Verschen. 2 St.

Deutsche Sprache: Sprechübungen mit Benutzung der Winkelmann'schen Bildertafeln; Memoriren kleiner Gedichte; Analyse von Wörtern und Erlernen des Schreibens und Lesens von Buchstaben, Wörtern und kleinen Sätzen nach der Schreiblese-Methode (Breuls Lesefibel). 8 St.

Rechnen: Entwickelung der Zahlen von 1—10. Uebungen in allen Operationen mit Hülfe einer Rechenmaschine im Kopf und auf der Schiefertafel. 2 St.
Singen: Treffübungen und kleine Lieder nach dem Gehör am Ende der Stunden.

Chronik.

Das eben zu Ende gehende Schuljahr begann in den Vereinigten Städtischen Schulen am 5. April, in der Realschule und dem Progymnasium am 9. April 1866.

Am 9. April wurde der ordentliche Lehrer der Realschule und des Progymnasiums, Dr. M. Heyn, welcher durch hohes Reskript vom 5. April zum sechsten Lehrer am Gymnasium zu Hildburghausen ernannt worden war, feierlich entlassen. Seine 4½jährige erfolgreiche Wirksamkeit wird uns Allen unvergessen bleiben.

Am 26. April erfolgte, nachdem schon am Schlusse des vorigen Schuljahrs der Vikar für den ersten Elementarlehrer, K. J. Amthor unter Anerkennung der von ihm geleisteten Dienste entlassen worden war, in Gemäßheit hohen Reskripts vom 26. März, durch welches die von Herzogl. Schulinspektion und von Wohll. Gemeinderathe beantragte Errichtung einer vierten Elementarklasse genehmigt und den von Wohll. Gemeinderathe geschehenen bezüglichen Präsentationen Konfirmation ertheilt wurde, die feierliche Eröffnung der neuen Klasse und zugleich die Einführung des bisherigen zweiten Elementarlehrers J. Lange als ersten, des bisherigen dritten Elementarlehrers A. Vorläufer als zweiten und des bisherigen Elementarlehrers an der Stadtschule zu Eisfeld, E. Schwesinger*) als dritten Elementarlehrers, wobei dem Letzteren bis weiter auch die Führung der vierten Elementarklasse übertragen wurde.

Durch höchste Entschließung vom 7. Mai wurden dem dritten Lehrer der Realschule und des Progymnasiums O. Keller, dem vierten Lehrer Dr. L. Grobe und dem fünften Lehrer G. Lindner Besoldungszulagen gnädigst verwilligt.

Unter demselben erfolgte die Ernennung des bisherigen Hülfslehrers H. Rottenbach zum ordentlichen Lehrer der Realschule und des Progymnasiums.

Am 4. Juni wurde in Gemäßheit hohen Reskripts vom 24. Mai der Kandidat des höheren Schulamts, R. Unger**), behufs der Abhaltung des Probejahrs eingeführt.

Am 7. Juli wurde der bisherige Religionslehrer an der Höheren Töchterschule, Archidiakonus O. Kern, wegen Antrittes des ihm übertragenen Pfarramts zu Renthendorf im Herzogthume S. Altenburg entlassen. Die Treue seiner Amtsführung und die religiöse Innigkeit seines Unterrichts haben seiner Wirksamkeit den gesegnetsten Erfolg verliehen.

---

*) Vergleiche Programm von 1861.
**) Rudolf Unger, geb. am 15. Februar 1844 zu Gräfenthal, besuchte die Bürgerschule daselbst bis 1857, darauf bis 1862 das Gymnasium zu Hildburghausen, studirte dann Philologie zu Jena und Berlin bis Ostern 1866, bestand hierauf die Staatsprüfung für das höhere Schulfach in Meiningen und trat sofort in seine hiesige Stellung ein.

Am 3. September wurde, da bauliche Veränderungen in den Schullokalen den Wiederbeginn des Unterrichts in der Höheren Töchterschule nach Ablauf der Sommerferien nicht eher gestatteten, in Gemäßheit hohen Reskripts vom 31. Juli der Archidiakonus E. Bulle*) in das Amt eines Religionslehrers an der Höheren Töchterschule eingewiesen.

Am 30. Oktober geschah die Uebersiedelung der zweiten Elementarklasse in das für dieselbe neueingerichtete Lokal im Volksschulgebäude, wodurch die Schwierigkeiten, die sich seither der Durchführung des Lektionsplans entgegengestellt hatten, beseitigt wurden.

Am 22. December wurde der seitherige Religionslehrer an der Höheren Töchterschule, Archidiakonus E. Bulle, behufs des Antrittes der ihm übertragenen Stelle eines fünften Dompredigers zu Bremen entlassen. Die würdige Haltung und die anregende Frische seines Unterrichts sind, so kurz auch seine Wirksamkeit gewesen, nicht ohne schöne Erfolge geblieben.

Am Schlusse des Jahres trat die bisherige Lehrerin für weibliche Arbeiten, Frl. F. Stutz, mit vollem Gehalte und unter ehrenvoller Anerkennung ihrer vieljährigen ersprießlichen Wirksamkeit von Seiten Herzogl. Staatsministeriums und der hiesigen Stadt in den Ruhestand. Eine fast 25jährige unermüdete und gewissenhafte Berufsthätigkeit zuerst an der vormaligen Volksschule und seit 1854 an den Vereinigten Städtischen Schulen wird die dankbare Erinnerung in den Herzen ihrer zahlreichen Schülerinnen lebendig erhalten.

Am 9. Januar 1867 wurde in Gemäßheit hohen Reskripts vom 22. December der Diakonus Dr. O. Füßlein**) in das Amt eines Religionslehrers an der Höheren Töchterschule eingeführt.

An demselben Tage geschah auch die Einführung der durch hohes Reskript vom 22. December zur Lehrerin für weibliche Arbeiten ernannten Frl. Hedwig Rembe.

An den verschiedenen Schulen hier befinden sich gegenwärtig folgende Lehrer:

Dr. R. Richter, Rektor für sämmtliche Schulen.

An der Realschule und dem Progymnasium:

Prof. Dr. A. Reimann, erster Lehrer,

Prof. Dr. K. G. Hunger, zweiter Lehrer,

---

*) Ernst Bulle, geboren am 19. April 1838 zu Pößneck, erhielt daselbst seine erste Bildung, besuchte hierauf von Ostern 1851–1852 das Progymnasium hier, sodann bis 1856 das Gymnasium zu Meiningen und studirte nach bestandener Maturitätsprüfung Theologie und Philologie zu Göttingen, Jena und Berlin. Nach Absolvirung beider theologischer Prüfungen (1859 und 1861) bekleidete er die Stelle eines Vikars am Gymnasium zu Bremen und zugleich eines Hülfspredigers am Dome daselbst, bis er nach einem längeren Aufenthalte in Italien im Sommer 1866 als Archidiakonus an die St. Johanniskirche hier kam.

**) Ernst Franz Otto Füßlein, geb. am 22. März 1837 zu Saalfeld, besuchte zuerst die Schule zu Kranichfeld, wohin sein Vater versetzt worden war, dann von 1848–1858 das Gymnasium zu Meiningen und studirte zu Jena Theologie. Nach dem Examen pro candidatura (1861) übernahm er eine Stelle am Stoyschen Institute zu Jena, bestand 1862 die Prüfung für das höhere Bürgerschulfach und trat in eine Hauslehrerstelle in Ostpreußen, die er 1863 verließ, um das Examen pro ministerio zu machen und die Stelle eines Lehrers der Obermädchenklasse in Pößneck zu übernehmen. 1864 erwarb er sich den Doktorgrad und kam 1866 als Diakonus an die St. Johanniskirche hier.

O. Keller, dritter Lehrer und Progymnasiallehrer,
Dr. L. Grobe, vierter Lehrer und Progymnasiallehrer,
G. Lindner, fünfter Lehrer,
H. Rottenbach, ordentlicher Lehrer,
K. Unger, Probelehrer,
F. Hermann, Zeichenlehrer,
H. Franke, Gesang- und Turnlehrer.

An den Vereinigten Städtischen Schulen:

G. Kühner, Lehrer der ersten Knabenklasse,
Kantor H. Pröscholdt, Lehrer der zweiten Knabenklasse,
E. Müller, Lehrer der ersten Mädchenklasse,
M. Morgenroth, Hauptlehrer der Höheren Töchterschule,
G. Breul, Lehrer der zweiten Mädchenklasse,
H. Franke, Hauptlehrer der Parallelelementarklassen,
J. Lange, erster Elementarlehrer und Hülfslehrer an der Höheren Töchterschule und an den Parallelelementarklassen,
A. Vorläufer, zweiter Elementarlehrer und Hülfslehrer an der Höheren Töchterschule und an den Parallelelementarklassen,
E. Schwesinger, dritter Elementarlehrer und zugleich Lehrer der vierten Elementarklasse,
A. Schartt, Zeichenlehrer der Knabenklassen,
Prof. Dr. Hunger, Sprachlehrer an der Höheren Töchterschule,
Diakonus Dr. O. Füßlein, Religionslehrer an derselben,
F. Hermann, Zeichenlehrer an derselben,
Frl. H. Rembe, Lehrerin in weiblichen Arbeiten.

 Am 29. August betheiligte sich das Lehrerkollegium der Realschule und des Progymnasiums, sowie der Vereinigten Städtischen Schulen an der mit der Generalversammlung des Gustav-Adolf-Zweigvereins verbundenen kirchlichen Feier hier.
 Die Herbstprüfungen geschahen vom 25.—29. September. In der Realschule und dem Progymnasium waren diesmal Prüfungsgegenstände: Mathematik und Rechnen in I.—V., Naturgeschichte in IV. und V. Klasse und Griechisch im Progymnasium.
 Am 15. Oktober wurde das Jubiläum fünfundzwanzigjähriger Wirksamkeit an den hiesigen Schulen des zweiten Mädchenlehrers, Herrn Breul, am 27. Oktober dasselbe des zweiten Knabenlehrers, Herrn Kantors Pröscholdt mit Beglückwünschung der Jubilare durch die Lokalschulbehörde, das Lehrerkollegium und die Schüler und Schülerinnen und Ueberreichung von Ehrengaben begangen.
 Das Staußische Stipendium erhielten am Todestage der milden Stifterin vier unbemittelte Realschüler.

Am 17. December wurde das höchsterfreuliche Geburtsfest Seiner Hoheit des Herzogs Bernhard zu Sachsen Meiningen mit einer Rede des Rektors vor versammeltem Cötus gefeiert.

Am 24. December wurde in den Vereinigten Städtischen Schulen die Vorfeier des Christfestes in heiterer und erhebender Weise begangen.

Am 31. December legte der bisherige Oberbürgermeister, Herr Justizrath Windorf sein Amt nieder. Im Laufe seiner 27jährigen ganz dem Wohle der Stadt gewidmeten Amtsthätigkeit hat er ebenso in seiner Eigenschaft als Vorstand des städtischen Gemeinwesens, wie als Geschäftsdirigent der Herzogl. Schulinspektion die gedeihliche Entwickelung des hiesigen Schulwesens unausgesetzt im Auge behalten und kräftigst gefördert. Unsere wärmste Dankbarkeit und Verehrung begleitet ihn in seinen ehrenvollen Ruhestand.

Am 2. April wurde die Feier des höchsterfreulichen Geburtstags Seiner Hoheit des regierenden Herzogs von der Realschule und dem Progymnasium durch einen öffentlichen Schulaktus begangen, wobei Gesangstücke, Gedichte und eigene Reden von Schülern aller Klassen vorgetragen wurden.

———

An Geschenken erhielt die Realschule und das Progymnasium außer den Programmen der Universitäten und höheren Lehranstalten, mit welchen ein Programmentausch besteht, von Herzogl. Staatsministerium Hildebrand, Statistik Thüringens. I. 1. Jena, 1866; von Herrn K. K. Hofrath Dr. Haidinger in Wien die Fortsetzung des Jahrbuchs der K. K. Geologischen Reichsanstalt; vom Verein deutscher Ingenieure, dessen Prinzipien der Organisation polytechnischer Schulen. Berlin, 1866; von Herrn Zimmermeister Fischer hier, einem ehemaligen Zöglinge der Anstalt, verschiedene Mineralien; von Herrn Fabrikbesitzer Freund hier fossile Knochen von Rhinoceros tichorhinus ec.; von Herrn Fabrikbesitzer H. König hier verschiedene Chemikalien und exotische Naturalien; von Herrn Postamtsassistenten Kühner in Pößneck, einem ehemaligen Zöglinge der Anstalt, Proben von Manganasholz; von Herrn Kaufmann H. Schmidt hier Rieth, Praktische Mineralogie. Ilmenau, 1828 nebst der vollständigen dazu gehörigen geognostischen Sammlung in elegantem Kasten; von den Realschülern H. Franke, L. Hartmann und E. Bufleb verschiedene interessante Naturalien.

Von einem hiesigen Freunde und Wohlthäter der ehemaligen Volksschule wurden abermals 2 Gulden zu Prämien für die vier würdigsten unbemittelten Schulkinder in den Oberklassen der Vereinigten Städtischen Schulen ausgesetzt. Es wurden dieselben vertheilt Ostern 1866 an Karl Schneider und Karoline Scheidig, Michaelis an Theodor Bater und Marie Brückner.

Den von demselben wohlwollenden Schulfreunde gestifteten und neuerdings erweiterten Mauritiuspreis erhielten am 22. September die Schüler der ersten Knabenklasse Eduard Leidel, Louis Patert und Hermann Heinek.

Die Einnahme aus dem Verkaufe einer kleinen Schrift (Seltene Pflanzen um Saalfeld), welche der Rektor behufs der Aufbringung von Mitteln zu einer Weihnachtsbescherung für arme Schulkinder unserer Stadt erscheinen ließ, war in Folge der reichlichen milden Gaben dafür (u. A. 12 Gldn. von Seiner Hoheit dem regierenden Herzoge, 8 Gldn. von Ihrer Hoheit der Frau Herzogin Marie, je 3 Gldn. 30 Kr. von Herrn Oberbergrath Dr. Breithaupt in Freiberg und Herrn Pfarrer Dr. Heinze in Pri eßnitz, 2 Glsn. 55 Kr. von Herrn Oberforstmeister von Kunßberg in Beulwitz, je 2 Glsn. von A. K., von Herrn Geheimerath von Fischern Exc. und von H. S. hier, je 1 Glsn. 45 Kr. von Herrn Präsidenten Liebmann in Hildburghausen, Herrn Pfarrer Schönheit in Leislau, Herrn Geheimerath von Uttenhoven Exc. in Meiningen und A. L. hier, je 1 Glsn. von Herrn Oberforstmeister von Baumbach in Meiningen, Herrn Superintendent Köhler in Kamburg, Herrn Direktor Dr. Kühner in Frankfurt a. M., Herrn Professor Märcker in Meiningen, Frau Fabrikbesitzer Bohn, Herrn Assessor Diez, Herrn Kaufmann Echtermeyer, Frau Gutsbesitzer Engelhardt, Frau Apotheker Gerdes, Herrn Rath Grebe, Herrn Dr. Grobe, Herrn Bürgermeister Hebenstreit, Herrn Fabrikbesitzer H. Heinze, Herrn Forstmeister von Imhoff, Hrn. Oberamtmann Johannes, Frau Apotheker Knabe, Herrn Fabrikbesitzer Kurth, Frau Baumeister Michaelis, Herrn Rechtsanwalt C. Müller, Herrn Postmeister Mylius, N. N., Herrn Justizrath Dr. Nonne, Herrn R. Schmidt, Frau Assessor Schönheit, ferner Kleidungsstücke, Stoffe, Schreibmaterialien, Pfeffertuchen ꝛc. von Herrn Kaufmann Auschütz, Herrn Kaufm. Echtermeyer, Herrn W. Förster, Frau Apotheker Gerbes, Frau Rechtsanwalt Hermann, Herrn Kaufmann Jercke, Herrn C. Lautenschläger jun., Frau Hauptmann Ludwig, Madam H. Opitz, Herrn E. Patzert, Frau Assessor Schönheit, Herrn Hofbuchdrucker Wiedemann, sowie die Insertionsgebühren von Herrn Buchhändler C. Riese) so groß, daß **178** armen Schulkindern eine Weihnachtsfreude bereitet werden konnte.

Für alle diese Geschenke nochmals den wärmsten und herzlichsten Dank!

————

Zur Erhaltung und Vermehrung der Bibliotheken und Apparate wurden die etatsmäßigen Mittel verwendet.

————

Am Schlusse des vorigen und im Laufe des gegenwärtigen Schuljahres gingen von der Realschule und dem Progymnasium folgende Schüler ab:

Aus Prima:
Alexander Liebmann aus Friedebach, um in die Selekta der Realschule in Meiningen überzutreten,
Alfred Ludwig aus Saalfeld, um sich dem Postfach zu widmen,
Amalius Heinz aus Saalfeld, ebenso,
Louis Müller aus Lausche, um in die Selekta des Realschule in Meiningen überzutreten,
Ernst Glaser aus Schleusingen, um Maschinenbauer zu werden,
Leonhard Glaser aus Saalfeld, ebenso,
Ehrhard Bieberbach aus Altenstein, auf die Realschule zu Meiningen.

Aus Sekunda:
Arthur Kämpfe aus Neuhaus, um Kaufmann zu werden,
Karl Lindemann aus Saalfeld, ebenso,
Max Hunger aus Saalfeld, ebenso,
Hugo Ebert aus Saalfeld, ebenso,
Max Eggers aus Saalfeld, ebenso,
Albert Vetter aus Sonneberg, ebenso,

Hermann Pfister aus Saalfeld, ebenso,
Max Engelhardt aus Saalfeld, ebenso,
Eduard Müller aus Saalfeld, ebenso,
August Körner aus Jena, ebenso,
Richard Dietz aus Sonneberg, ebenso,
Adolf Trautwein aus Glücksthal, ebenso,
Theodor Zeilfelder aus Sonneberg, um Bäcker zu werden,
Robert Pfeifer aus Gößnitz, auf das Gymnasium zu Schleusingen,
Reinhold Hartung aus Sonneberg, um Müller zu werden,
Robert Müller aus Saalfeld, um Kaufmann zu werden,
Albert Röder aus Saalfeld, unbestimmt,
Franz Lehmann aus Kahla, um Kaufmann zu werden.

Aus Tertia:

Richard Fuchs aus Saalfeld, um Bäcker zu werden,
Ferdinand Lemmerzahl aus Saalfeld, um Zimmermann zu werden,
Bernhard Glaser aus Saalfeld, um Orgelbauer zu werden,
Max Winter aus Saalfeld, um Schlosser zu werden,
Karl Franke aus Saalfeld, um Kaufmann zu werden,
Raimund Liebmann aus Lichte, um Bäcker zu werden,
Reinhold Engelhardt aus Aschau, um Oekonom zu werden,
Berthold Menz aus Griesheim, ebenso,
Gustav Hartung aus Zwickau, zum Eisenbahndienst,
Bruno Freitag aus Böhlsdorf, um Kaufmann zu werden,
August Roßbach aus Gräfenthal, ebenso,
Richard Hartmann aus Jüdewein, um Oekonom zu werden,
Albert Eberlein aus Saalfeld, um Lithograph zu werden,
Ernst Weber aus Oepitz, unbestimmt,
Markus Bieberbach aus Altenstein, auf die Realschule in Meiningen,
Wilhelm Geyer aus Saalfeld, auf das Gymnasium in Meiningen,
Wilhelm Trautscholdt aus Saalfeld, um Schlosser zu werden,
Reinhold Zeise aus Lichte, um Oekonom zu werden,
Wilhelm Schlözer aus Taubenbach, um Kaufmann zu werden.

Aus Quarta:

Alban Hildebier aus Saalfeld, um Schlosser zu werden,
Richard Glößlein aus Steinheide, um Maschinenbauer zu werden,
Otto Steinert aus Rahnis, um Kaufmann zu werden,
Oskar Bügel aus Saalfeld, unbestimmt,
Louis Peißler aus Eichicht, um Müller zu werden,
Oskar Ritter aus Sorge, um Ziegler zu werden,
Ernst Rößler aus Jüdewein, um Brauer zu werden.

Aus Quinta:

Edmund Greßler aus Stadtilm, mit seinen Eltern weggezogen,
Albert Roux aus Saalfeld, mit seiner Mutter weggezogen,
Max Danz aus Sonneberg und
Richard Danz aus Pößneck, mit ihren Eltern weggezogen,
Eduard Röder aus Saalfeld, mit seinen Eltern weggezogen.

Aufgenommen wurden 40 Schüler. Der Kursus wurde mit 151 Schülern eröffnet, von denen am Ende des Schuljahres noch 130 sich in der Anstalt befinden, nämlich:

Nr.	Name des Schülers.	Alter.	Geburtsort.	Stand des Vaters.
	Prima.			
1	Eduard Sonntag	16 J.	Saalfeld	Seiler.
2	Karl Langguth	17 J.	Steinach	Bäcker.
3	Woldemar Heinz	17 J.	Saalfeld	Amtschirurg.
	Sekunda.			
4	Otto Greiner	17½ J.	Lausche	Fabrikbesitzer.
5	Louis Heubach	16½ J.	Lichte	Fabrikbesitzer.
6	Gustav Helmrich	17½ J.	Neustadt a. d. Orla	Kürschner.
7	Hermann Morgenroth	14 J.	Saalfeld	Lehrer.
8	Armin Bartenstein	15 J.	Saalfeld	Apotheker. †
9	Friedrich Zielfelder	16 J.	Pößneck	Feldjäger.
10	Richard Wedel	14 J.	Gräfenthal	Apotheker.
11	Otto Ludwig	17 J.	Saalfeld	Hauptmann.
12	Otto Heyl	17½ J.	Jüdewein	Lehrer.
13	Karl Erdmann	15 J.	Saalfeld	Fabrikbesitzer.
14	Hermann Präscholdt	15 J.	Saalfeld	Lehrer.
15	Wilhelm Schertling	17 J.	Jüdewein	Oekonom.
16	Gottlieb Kutze	17½ J.	Lausche	Porzellanmaler.
17	Hugo Lau	18 J.	Saalfeld	Thierarzt.
18	Karl Habersang	15 J.	Siegmundsburg	Förster.
19	Robert Morgenroth	15 J.	Saalfeld	Lehrer.
20	Ernst Schmidt	16 J.	Sonneberg	Bankondukteur.
21	Eduard Greiner	16½ J.	Steinach	Lehrer.
22	Udo Franke, Prog.	16 J.	Saalfeld	Lehrer.
23	Oskar Haring	15 J.	Gräfenthal	Rechtsanwalt.
24	Oskar Zech	15 J.	Saalfeld	Lederhändler.
25	Christian Eichhorn	17 J.	Steinach	Wirth.
26	Bernhard Richter	14 J.	Saalfeld	Kaufmann.
27	Armin Wölfel	14½ J.	Gräfenthal	Registrator.
28	Hermann Oehler	14½ J.	Saalfeld	Fabrikbesitzer.
29	Otto Kuch	15 J.	Saalfeld	Registrator.
	Tertia.			
30	Heinrich Reichenbächer	17 J.	Reichenbach	Oekonom. †
31	Alexander Bamberg	14½ J.	Kranichfeld	Uhrmacher.
32	Ernst Sontag	15 J.	Geiersthal	Fabrikbesitzer.
33	Bernhard Specht	13 J.	Saalfeld	Buchbinder.
34	Adolf Fischer	15 J.	Lichtentanne	Lehrer.
35	Hugo Breul	12½ J.	Saalfeld	Lehrer.
36	Richard Truppel	11½ J.	Saalfeld	Siebmacher. †
37	Eduard Sontag	14 J.	Geiersthal	Fabrikbesitzer.
38	Eduard Paris	14 J.	Könitzer	Spinnereibesitzer.
39	Alban Vollrath	13 J.	Saalfeld	Stadtmusikus.
40	Emil Windorf	14 J.	Gräfenthal	Kaufmann.

Nr.	Name des Schülers.	Alter.	Geburtsort.	Stand des Vaters.
41	Dittmar Deutschmann	13½ J.	Saalfeld	Braumeister.
42	Erwin Scheiber	13 J.	Reichmannsdorf	Förster.
43	Max Müller	14 J.	Gräfenthal	Seifensieder. †
44	Hugo Birligi	13½ J.	Saalfeld	Schneider.
45	Albin Greiner	15 J.	Lauscha	Kaufmann.
46	Louis Treuter	16½ J.	Sonneberg	Kaufmann. †
47	Hermann Lindemann	15 J.	Saalfeld	Fabrikbesitzer. †
48	Karl Porsch	16 J.	Gräfenthal	Gastwirth.
49	Hermann Bäuder	14 J.	Saalfeld	Holzhändler.
50	Hermann Späth	13½ J.	Hildburghausen	Bürgermeister.
51	Richard Rubert	15 J.	Hirschberg	Seifensieder.
52	Karl Schmidt	13 J.	Steinach	Kaufmann.
53	Julius Eichhorn	14 J.	Steinach	Gastwirth.
54	Ernst Böhm	15½ J.	Ernstthal	Fabrikbesitzer.
55	Cäsar Cramer	13 J.	Großbreitenbach	Kaufmann.
56	Hermann Frosch	14 J.	Altsaalfeld	Mühlenbesitzer.
57	Albert Anschütz	12 J.	Saalfeld	Kaufmann.
58	Hermann Liebmann	13½ J.	Lichte	Bäckereibesitzer.
59	Max Keßler	14½ J.	Lehesten	Bergverwalter. †
60	Hugo Schönau	15 J.	Sitzendorf	Kaufmann.
61	Albert Hunger	13 J.	Saalfeld	Professor.
62	Georg Freitag	13 J.	Möhlsdorf	Oekonom.
63	Gotthold Thiem	14 J.	Langewiesen	Mühlenbesitzer. †
64	Feodor Oehring	15½ J.	Saalfeld	Kaufmann.
65	Louis Wehner	16 J.	Arnhaus	Bergdirektor.
66	Karl Knauer	15 J.	Oerlsdorf	Jäger.
67	Silvo Große	14½ J.	Unterwirbach	Oekonom.
	Quarta.			
68	Karl Weidermann	13½ J.	Saalfeld	Schlosser. †
69	Albert Sperrschneider	13½ J.	Saalfeld	Bäcker.
70	Oskar Wölfel	13 J.	Gräfenthal	Registrator.
71	Hugo Galluba	12½ J.	Arnstadt	Faktor.
72	Albert Reiswect	11 J.	Saalfeld	Handelsmann.
73	Gustav Stockmar	16 J.	Ilmenau	Brauer.
74	Eugen Heinze	12 J.	Saalfeld	Kaufmann.
75	Otto Völker	15½ J.	Orlamünde	Kaufmann.
76	Hermann Franke	13½ J.	Saalfeld	Gerber.
77	Karl Schulz	14 J.	Meiningen	Telegraphist.
78	Cäsar Klauber	13½ J.	Saalfeld	Tuchmacher.
79	Louis Tiller	13 J.	Saalfeld	Bäcker.
80	Gustav Wolfram	13 J.	Saalfeld	Seiler.
81	Albrecht Birligi	11½ J.	Saalfeld	Schneider.
82	Ernst Jauche	13 J.	Saalfeld	Maurer.
83	Ernst Geruhardt	11½ J.	Saalfeld	Gerber.
84	Günther Baunbach	13 J.	Oberweißbach	Rechtsanwalt.
85	Hermann Arold	14 J.	St. Graben	Zimmermann.

Nr.	Name des Schülers.	Alter.	Geburtsort.	Stand des Vaters.
86	Adolf Engelmann	14½ J.	St. Graben	Maurermeister. †
87	Hermann Großmann	15½ J.	Milda	Oekonom.
88	Lothar Hartmann	11 J.	Reichenbach	Bergwerkbesitzer.
89	Leonhard Weidermann	11¼ J.	Saalfeld	Schneider.
90	Arthur Müller	13¼ J.	Saalfeld	Bäcker.
91	Albert Deutschmann	12 J.	Saalfeld	Branmeister.
92	Albert Bäucker	14 J.	Saalfeld	Zuckerbäcker.
93	Wilhelm Bäucker	12½ J.	Saalfeld	Holzhändler.
94	Heinrich Pröscholdt	12½ J.	Saalfeld	Lehrer.
95	Ludwig Beyer	12½ J.	Kaulsdorf	Mühlenbesitzer.
96	Ferdinand Haucke	14 J.	Altsaalfeld	Mühlenbesitzer.
97	Raimund Haueisen	14½ J.	Langewiesen	Gerber. †
98	William Richter	12½ J.	Saalfeld	Kaufmann.
	Quinta.			
99	Hugo Weidermann	11 J.	Saalfeld	Holzhändler.
100	Hermann Lärz	12½ J.	Löbschütz	Oekonom.
101	Karl Voigt	10½ J.	Neuwerk	Fabrikbesitzer. †
102	Hugo Streitberger	12 J.	Saalfeld	Sattler.
103	Ernst Breitung	11¼ J.	Saalfeld	Straßeninspektor.
104	Wilhelm Göbel	10¼ J.	Saalfeld	Konditor.
105	Reinhold Schulz	11 J.	Meiningen	Telegraphist.
106	Ottomar Vollrath	11 J.	Saalfeld	Stadtmusikus.
107	Hermann Specht	11 J.	Saalfeld	Buchbinder.
108	Eduard Koch	12 J.	Saalfeld	Briefträger.
109	Albert Großmann	11¼ J.	Milda	Oekonom.
110	Albrecht Keilbar	12 J.	Saalfeld	Amtsschreiber.
111	Hermann Fröbel	12 J.	Kranichfeld	Gastwirth.
112	Bruno Gerdes	10 J.	Saalfeld	Apotheker. †
113	Wilhelm Gernhardt	10 J.	Saalfeld	Fabrikbesitzer.
114	Johannes Hermann	10 J.	Berlin	Zeichenlehrer.
115	Karl Hellmuth	12 J.	Saalfeld	Restaurateur.
116	Wolf von Wolframsdorff	10 J.	Sondershausen	Oberstlieutenant.
117	Hugo Tiller	11 J.	Saalfeld	Bäcker.
118	Bernhard Vetter	10 J.	Hämmern	Grubenbesitzer.
119	Hermann Klaus	10 J.	Saalfeld	Klempner.
120	Albert Jakob	12 J.	Saalfeld	Fleischer.
121	Eduard Hädrich	10 J.	Obritzmühle	Baumstr. u. Kunstmühlenbes.
122	Klemens Breul	10 J.	Saalfeld	Lehrer.
123	Anton Richter	10 J.	Saalfeld	Kaufmann.
124	Adolf Schmidt	10 J.	Meiningen	Oberjäger.
125	Max Heinze	11 J.	Saalfeld	Kaufmann und Fabrikbesitzer.
126	Oskar Kuhn	13 J.	Drognitz	Oekonom.
127	Eduard Busseb	10 J.	Saalfeld	Kaufmann. †
128	Richard Schmidt	11 J.	Saalfeld	Glaser.
129	Hermann Kiesner	11 J.	Saalfeld	Tuchscheerer.
130	Bernhard Biedermann	11 J.	Saalfeld	Maler.

Ueberficht über die verschiedenen Schulen und Klassen.

	Schüler.	Schülerinnen.	Zusammen.
Realschule und Progymnasium: uts.	130	—	130
Vereinigte Städtische Schulen:			
I. Knabenklasse	48	—	48
II. Knabenklasse	65	—	65
I. Klasse der Höheren Töchterschule	—	17	17
II. Klasse der Höheren Töchterschule	—	28	28
I. Mädchenklasse	—	58	58
II. Mädchenklasse	—	71	71
I. Parallelelementarklasse	17	31	48
II. Parallelelementarklasse	19	23	42
I. Elementarklasse	56	48	104
II. Elementarklasse	49	32	81
III. Elementarklasse	52	29	81
IV. Elementarklasse	44	53	97
In Summa	**480**	**390**	**870**

Sechsundzwanzig weniger als im vorigen Jahre.

Davon verloren wir durch den Tod aus IV. Elementarklasse Karl Siegler, Selma Schwimmer und Amalie Hickethier, die den Masern erlagen.

Die diesjährige öffentliche Prüfung.

Montag, den 8. April.

Vereinigte Städtische Schulen:

Vorm. 8—10 Uhr. III. Elementarklasse. Religion, Deutsch, Rechnen. Schwesinger.
10½—12 Uhr. IV. Elementarklasse. Religion, Deutsch, Rechnen. Schwesinger.
Nachm. 2—5 Uhr. I. und II. Parallelelementarklasse. Religion, Deutsch, Rechnen. Franke. Lange. Vorläufer.

Dienstag, den 9. April.

Vorm. 8—12 Uhr. I. und II. Mädchenklasse. Religion, Deutsch, Rechnen, Geographie. Müller. Breul.
Nachm. 2—5 Uhr. Höhere Töchterschule. Religion. Dr. Füßlein. Deutsch. Morgenroth. Französisch. Dr. Hunger. Rechnen. Morgenroth. Naturgeschichte. Lange.

Mittwoch, den 10. April.

Vorm. 8—10 Uhr. II. Elementarklasse. Religion, Deutsch, Rechnen. Vorläufer.
I. Elementarklasse. Religion, Deutsch, Rechnen. Lange.

Donnerstag, den 11. April.

Vorm. 8—10 Uhr. I. Knabenklasse. Religion, Deutsch, Geometrie. Kühner.
10—12 Uhr. II. Knabenkl. Religion, Deutsch, Rechnen, Geschichte. Pröscholdt.

Donnerstag, den 11. April.

Realschule und Progymnasium:

Nachm. 2—4 Uhr. V. Klasse. Religion. Lindner.
       IV. Klasse. Französisch. Keller.
       V. Klasse. Latein. Grobe.
       IV. Klasse. Rechnen. Lindner.

Freitag, den 12. April.
Vorm. 8—12 Uhr. III. Klasse. Geometrie. Unger.
       II. Klasse. Geschichte. Grobe.
       I. Klasse. Stereometrie. Hunger.
       III. Klasse. Naturgeschichte. Rettenbach.
       II. Klasse. Englisch. Hunger.
       II. Klasse. Chemie. Reimann.
       I. Klasse. Deutsch. Der Rektor.

Gesang zu Anfang und Schluß der Prüfung, sowie zwischen den einzelnen Abtheilungen. Die Probearbeiten liegen während des Examens in den Prüfungszimmern auf. Die sämmtlichen Prüfungen finden in den Lehrzimmern der Neuen Schule statt.

Zu diesem Examen werden alle Gönner und Freunde der Schule, insbesondere die Eltern und Angehörigen unserer Schüler und Schülerinnen ergebenst eingeladen.

Das neue Schuljahr beginnt für die Vereinigten Städtischen Schulen am 25. April. Für die Einführung schulpflichtig gewordener Kinder sind die Tage vom 25. bis 27. April bestimmt, an welchen Tagen Herr Franke für die Neue Elementarschule, Herr Schwesinger für die IV. Elementarklasse die Aufnahme vollziehen werden.

Anmeldungen zum Eintritt in die Höhere Töchterschule sind bei Unterzeichnetem oder bei Herrn Morgenroth zu bewerkstelligen.

Der neue Kursus der Realschule und des Progymnasiums wird am 29. April eröffnet werden. Die Aufnahmeprüfung geschieht am 27. April. Auswärtige Recipienden haben Tauf- und Schulzeugnisse, sowie die Impfscheine vorzulegen und Wohnungen nur mit Genehmigung des Unterzeichneten zu wählen.

           Dr. M. Richter, Rektor.